We Are On The Way

陈蓉

——主编

任宝华——

——撰写

上海人民出版社
学林出版社

# 编委会

# 序

上海广播电视台台长　高韵斐

党的十八大以来，习近平总书记多次对新闻舆论和文化文艺工作做出重要指示，强调文化文艺工作者要"坚持与时代同步伐、以人民为中心、以精品奉献人民、用明德引领风尚"。总书记的讲话，对我们如何在新时代办好主流媒体提出了新的要求，更是为我们如何坚持守正创新、加快转型升级指明了前进的方向。

在中央和上海市各级领导的关心和支持下，上海广播电视台旗下的东方卫视从 2019 年元旦起，领省级卫视之先，紧紧围绕"新时代新面貌"的核心理念，全面落实"守正创新再出发"的转型升级要求，推出全新版面，整体面貌焕然一新，获得各方肯定。东方卫视的版面上涌现出大量以"讲好中国故事"为主轴、有情感有温度有正能量的创新节目。

《这就是中国》着力讲好新时代中国发展的故事。张维为教授一改以往思想理论节目说教灌输的老套路，以通俗的语言表达、严密的逻辑论证、真实的数据事例、坦诚的思想碰撞、创新的表现手法，帮助观众理解中国道路，树立中国自信，吸引了很多年轻人的关注。

《闪亮的名字》着力讲好新中国成立以来英雄的故事。主创团队走访了十多个城市，累计飞行近 80 万公里，从无人区可可西里到四川大凉山深处，从青海金银滩到敦煌戈壁大漠，他们迈开了双脚，与英雄同行，感受英雄的"呼吸"。"主持人走访纪实＋演员影视化演绎"的跨形态表现形式，创新了英雄题材的创作模式，再现了英雄的高光时刻，弘扬了英雄情怀。

《我们在行动》着力讲好新时代中国脱贫攻坚的故事。节目组走入了全国 70 多个贫困村，在实地调研的基础上推出了 20 余款贫困县的优质产品，创造了总计 1 亿元以上的销售额，搭建起了一个庞大的"产业扶贫造血媒体工程"。节目因此荣获了"全国脱贫攻坚奖组织创新奖"，东方卫视作为唯一一家媒体机构获此殊荣。

《诗书画》着力讲好传承中华优秀传统文化的故事。作为一档文化赏析类节目，主创团队用现代化呈现方式及适应互联网时代的新语态，展现中国古典语言文字和传统书画的艺术之美。

为了能更好地提高这些优秀节目的传播力、引导力、影响力、公信力，充分发挥上海电视媒体和平面媒体融合传播的优势，共同打响"上海文化"品牌，东方卫视携手上海人民出版社，推出《这就是中国》《闪亮的名字》《我们在行动》和《诗书画》的同名书籍。《闪亮的名字》《我们在行动》《诗书画》三本书除了包含节目的所有文字脚本，还增加了主创人员的工作手记，相信观众朋友可以从中感受他们在节目摄制中的心路历程。其实，我们这些电视人也是借出版这些书籍的机会，重新审视我们的创作初心：节目创作的出发点是什么？是否还沿着内心的方向在前进？内心的坐标系是否足够清晰、足够精准、足够坚定？追问这些问题，我们才不会因为现实复杂而放弃梦想，不会因为理想遥远而放弃追求。

"今是生活，今是动力，今是行为，今是创作。"我相信，电视人会坚定"做新时代前行的记录者"的决心，关注时代之需，聚焦时代之变，把握时代之魂，引领时代之风，创作出更多无愧于伟大时代的优秀文化作品。

# •目录•

# 第三章　星星之火，可以燎原　051

# 不是秀，是行动

曹可凡

　　"真人秀"近年来大行其道。所谓"真人秀"，即"以纪实手法记录人们在普遍状态下的真实生存状态"。"真人秀"之所以能够聚焦观众视线，在于一个"真"字，核心在于"人"，是人、人性、人格的真实呈现。故而，卫星频道所播出的"真人秀"数量呈几何级数增长，"真人秀"成为最受欢迎电视文艺形态。然而，大多数"真人秀"节目也存在"抄""滥""空""假""俗""贵""霸"等种种弊端。所谓"抄"即原创乏力，抄袭成风；所谓"滥"即歌唱、亲子等同类题材撞车；所谓"空"即设计脱离现实，生编硬造，刻意煽情；所谓"假"即数据作假；所谓"俗"即故意在流程上激化矛盾，突出和放大不良现象与非理性情绪；所谓"贵"即参与节目明星天价片酬，破坏电视文化生态；所谓"霸"即"真人秀"之烧钱，深层次影响正常业态。

　　而《我们在行动》恰恰站在历史与现实高度，以实施国家战略为主轴，聚焦"扶贫"主题，以"真""情""暖""雅""廉""独"为美学追求，打造出一档与当下综艺截然不同的清流综艺，努力将社会主流价值、社会生活热点与电视文艺巧妙嫁接，并且以"行动"为出发点，切切实实为贫困地区百姓解决困难，因此，深受观众欢迎。

《我们在行动》的成功首先归于一个"真"字。节目从策划之初，制作人陈蓉和她的团队便确立以真诚打动人的原则，摒弃一切虚伪装饰，抛却所有刻板流程，用纯自然记录手法，真实记录眼睛所看到的东西。其次是"情"，情不可能凭空制作，只有在"真"的基础上，情才能汩汩流淌。如在海南省白沙黎族自治县牙叉镇对俄村拍摄时，节目组偶然得知当地10岁女童符夏玲因先天性心脏病无法正常上学。仔细查阅其病例之后，节目组迅速与上海儿童医学中心联系，12小时内安排符夏玲直飞上海接受手术治疗，玲玲也十分懂事，满心期待康复后能正常上学，将来考上医学院。但被推入手术室前，小姑娘却郑重其事地对父母表示，万一手术出现问题，要将自己器官捐给其他病患。从来没人教孩子说这样的话，但孩子的纯真与善良却打动无数人。正是因为有"真"与"情"作为底色，节目给人一种温暖的感觉。

在山西平顺拍摄时，曾巧遇青年张李晋。小张从小被父母抱养，虽然母亲天生残疾，家里仅靠父亲种植潞党参维持生计，但他们给了这个毫无血缘关系的孩子无尽的关怀。张李晋成年后在一家餐厅打工，月薪仅千元左右，却将工资的大部分都交给父母。张李晋天性沉默，寡言少语，心中唯一心愿，便是好好学习厨艺，为身患癌症的父亲做几样可口的菜肴。拍摄结束后，节目组设法将其送至上海学习厨艺，满足他一份浓浓孝心。这样爱的接力，让节目"暖"意浓浓。

与此同时，《我们在行动》虽然基本行走在偏远贫穷地区，穿梭于猪牛、蔬菜、柑橘、飞鸡、米面等生活物什之间。但是，从当地百姓表达，到影像呈现，却异常雅致。譬如去海南白沙拍摄时，主推农产品是咖啡与茶叶，由于曾有陨石光顾白沙，巨大陨石坑里的咖啡与茶叶均有独到之处，但是当地农民缺乏品牌意识与销售渠道。节目组主创会同相关营销专家，经研究评估后，将咖啡与茶叶组成一个礼包，并为之取了一个富有浪漫气息的名字："来自星星的礼物"，产品上线后广受好评。而在山西平顺拍摄时，为凸显当地主打产品潞党参的益气补血功能，嘉宾刘涛鼓励几位贫困户孩子以潞党参为食材制作几款日常菜品，表达对父母及祖辈的爱。因为当地人虽祖祖辈辈种植潞党参，自己却从不舍得品尝，故刘涛给这些菜肴取了一个充满诗意、温暖而又雅致的名字："爱的味道"。当父母们在品尝孩子们制作的潞党参菜肴时，无不潸然泪下，感动不已。

《我们在行动》由于刘涛、王凯、聂远、王宝强、吴谨言等明星的倾力参与，备受公众欢迎，因此明星"片酬"自然也是关注焦点，但参与《我们在行动》的明星均以零片酬参加，创综艺真人秀之先河。他（她）们不仅分文不取，并且努力以自身的"流量"带动贫困地区农产品"销量"。节目播出三季，农产品销售量已达亿元，可以说，节目以最"廉价"，同时品质优异的制作，带来社会公益的最大化，让爱与真诚的暖意如甘霖降临神州每一片土地。

当然，归根结底，《我们在行动》是以独特的视角、独到的创意拔得头筹。从贫困地区农产品的选择、公益大使的介入，到提供产品营销思路、平台的搭建，让那些偏远地区的"璞玉"拂去尘埃，露出璀璨之光，并且使其以最快捷、最便利的方式传送至消费者手中。一个"独"字令节目创意无穷，生机无限。

"真人秀"通常来说，指虚构的游戏，然而对《我们在行动》而言，节目不是"秀"，而是"行动"，即用双脚踏遍祖国偏远贫困地区，以智慧与真诚为百姓谋幸福，在行动中发现真理与力量，实现梦想。没有行动，便无法产生真情。"脚下沾有多少泥土，心中就沉淀多少真情"。此之谓也。

# 引言

## 精准扶贫，我们在行动

2018年，是全面建设小康社会的关键之年，也是脱贫攻坚关键战役的决胜之年。在这样一场众志成城的国家行动中，学习好、宣传好、贯彻好习近平总书记的扶贫思想，记录新时代、营造新气象、展现新作为，是主流媒体的责任和使命。

同年2月，东方卫视在全国率先推出精准扶贫公益纪实节目《我们在行动》，积极探索电视创作如何与"扶贫攻坚"这一国家重点战略有效结合的方式和方法，率先交出了一份电视答卷。

如同阳春三月之于大地新生的承诺，我们曾向那些朴实的面庞许下誓言，要以身体力行寻找田埂大山中的瑰宝，要用赤子之心感受岁月砥砺下的初心。

为什么要行动？

因为行动是一种责任，它意味着你不再是历史的见证者，而是生活的亲历者。

因为行动是一份信念，它意味着你不再视贫穷、疾苦于冷漠，而是尝人生百味于热情。

因为行动是一个目标，它意味着你不再因为何出发而原地踌躇，只因如何抵达而启程上路。

在仅仅一年多的时间里，《我们在行动》接连制作三季节目，展开了一场尽锐出战、迎难而上、马不停蹄、势如破竹的媒体行动。目前，第四季也展开了紧锣密鼓的筹备，朝着 2020 年全面脱贫的目标继续进发，续写热血与希望。

东方卫视以《我们在行动》节目为基点，不断用更加多元、更加精细、更加深入的方式攻坚"精准扶贫"课题，众人拾柴，开辟扶贫协作的崭新局面。

2018 年 10 月初，东方卫视凭借《我们在行动》喜获国家级殊荣"全国脱贫攻坚奖组织创新奖"，它代表了国务院扶贫开发领导小组对东方卫视脱贫宣传模式、方法以及工作创新的肯定与褒奖。

广电总局评价，"《我们在行动》为电视扶贫类节目提供了一个好的样本和引导，在精神层面给全社会树立了榜样"，还点赞了节目"不要真人秀而要真人做"的理念。

这是一场有理念、有愿景、有渠道、有出口的精准扶贫公益生态工程。通过电视化的策划、制作与传播，同时运用科学有效的程序解决精准识别、精准帮扶、精准管理的难题，《我们在行动》实实在在地改变了一些个体的命运，为整个村甚至整个县带去了喜人变化。

当我们用双脚丈量祖国辽阔的大地，尤其是那些贫瘠的土地后，感受最深的是什么？真的就是习近平总书记在一次扶贫工作会议上所说的那一句话："脚下沾有多少泥土，心中就沉淀多少真情。"

这不仅是一档节目，更是使命的召唤，是责任的担当，是信念的驱使，是情怀的绽放。一路跋涉，一路播撒，希望的种子必将果实挂枝，挥洒的汗水定会收获满怀。

通过这次实践，我们深刻认识到，推动文艺创新，需要坚守"讲品位、讲格调、讲责任"，积极践行"小成本、大情怀、正能量"。从普通的百姓故事中提炼真情实感，从火热的现实生活中汲取素材养分，从鲜活的基层实践中感受时代脉动——电视媒体在当今时代大有可为，亦大有作为。

面向未来，我们更加有信心、有热情、有魄力。稳住心神，不懈创新，不辱使命——未来，我们，会一直在行动！

# 第一章

## 我们为什么要行动？

优秀的节目要像牙医，敲击到时代的痛点。

# 媒体使命的燃起

2017 年是党的十九大的召开之年，也是 SMG 深度融合、整体转型的关键之年。

以把握导向为首要使命，充分发挥主流媒体的专业优势，强化重大主题创作的创新、加大本土原创节目的创新，成为 SMG 在内容生产上鲜明确立的方向。

那一年的 8 月，上海广播电视台台长、上海文化广播影视集团有限公司总裁高韵斐以"大白"身份对"小白"们的一篇寄语，在业内刷屏，更引起了我们深深的思考。

在那篇发言中，他以自己 1988 年初到上海电视台的亲身经历，寄语晚辈要在扎实工作中实现自己的理想、承担起 SMG 人的使命和责任。

当年，他们为了深入农民家庭做问卷调查，一个月下来，晒得脱皮。他们扛着笨重的机器奔走在每一个社会现场，不惧刮风下雨、山高水长。他们不追求表面的漂亮和热闹，每一次创作，都带着发自内心的火热与赤诚。

　　我至今清晰记得，高韵斐台长展示了一张自己年轻的时候在江村做田野调查的老照片。他说："我希望年轻人知道中国的基层是怎么一回事，中国的乡村是怎么一回事，中国改革开放 40 年是怎么走过来的。"

　　高台长再一次阐释了 SMG 的核心价值观"忠诚、责任、创造、共赢"，鼓舞我们一定要认清着力点："忠诚。首先是忠诚于党的新闻宣传事业，你只有站在全局的立场上想问题，我们的宣传工作才不至于出问题、出偏差。只要我们有忠诚感，只要我们心怀感恩，只要我们对未来的发展是有信心的，相信 SMG 这艘航船可以迎着风浪继续前行，那么我们的责任感就会油然而生。尽管我们面临的挑战很严峻，但是我相信，我们一定能够开辟出新的发展路径，也一定能够在新的市场上有新的作为。"

　　围绕 2018 年度的节目策划，高台长抛出的核心议题是：这个时代应该做什么样的节目？

东方卫视《我们在行动》节目 Logo

　　立足上海这座对标国际一流的城市，身处东方卫视这样的一线卫视平台，我们开始不断问自己：在娱乐喧哗之外，电视人到底应该承担怎样的责任与使命？

　　习近平总书记指出，做好新形势下的宣传思想工作，必须自觉担负起"举旗帜、聚民心、育新人、兴文化、展形象"的使命任务。这需要我们准确理解、把握当前和今后一个时期党和国家的工作重点，从中央提出的重大战略思想、重大方针政策、重大决策部署中提炼出创作的选题，并且通过不断创新话语方式，让正面宣传更加鲜活、更接地气、更

小女孩们在山间草地开心奔跑

有人气。

从党的十八大开始，国家就提出了"精准扶贫"的国家战略。党的十九大，习近平总书记再次强调要"坚决打赢脱贫攻坚战，确保2020年我国现行标准下农村贫困人口实现脱贫，贫困县全部摘帽，脱真贫，真脱贫"。十九大报告中特别提出，"扶贫攻坚要注重新方法、新手段"；在讲到宣传思想文化工作时，8次提到"创新"，7次提到"创造"。

在节目创新的过程中，上海广播电视台深刻地认识到，党中央把脱贫攻坚作为全面建成小康社会的突出短板和底线目标，并且以前所未有的力度推进，这是一场迫在眉睫、必须打赢的胜仗。我们背靠的城市上海，又是国家精准扶贫的"排头兵"，所以，这是义不容辞的媒体使命，也是城市使命。

通过深入学习并领会党的精神和指示，上海广播电视台积极探索，在尊重传播规律的基础上，迅速打造了中国首档精准扶贫公益纪实节目《我们在行动》。

我总是和团队说，我们能够遇见《我们在行动》，是我们的荣幸，做好它，是我们的荣耀。作为一个媒体人，能够在自己的职业生涯中遇到能与国家同命运、共呼吸，能与国家战略同频共振、能深度参与的节目，又是何等的幸运。

从节目立意到具体实施，《我们在行动》始终坚持从主流媒体的社会责任出发，聚合各方的能量，真正把"公益"两个字沉了下去，开创了产业扶贫的电视实践。

在参与这档节目之前，我们几乎所有的团队成员对于中国扶贫攻坚的重要性和紧迫性都没有一个直观的感受，甚至无法深刻体会扶贫的真正意义。

可是，经历了与贫困村民同吃同住的日子，我们每一个人都真切感受到了贫困地区与东部较为发达地区的生活差异，这是从远隔千山万水的旁观者视角无法体会的另一种境遇，唯有在当地生活过的人才能感同身受。

前两季，节目携手 45 位公益大使到达 9 个省、自治区的 11 个贫困县，辗转 50 个村落，行程超过 20 万公里。第三季走过的 6 站中，依然有贫困率高达 20%、30%，甚至超过 40% 的地区。

越往后走，越是难啃的硬骨头，但是我们没有退缩。因为我们知道，每多做一季节目，每多去一个乡村，我们就能为扶贫攻坚多献上一份力量，为当地的村民多送去一份美好的希望。

上海广播电视台、上海文化广播电视集团有限公司党委书记、董事长王建军曾经数次勉励我们："唯转型才有出路，唯创新才有价值。"时代与环境在高速变化，我们一定要敢为人先、砥砺前行、克服困难、一心向前，在新的时代创造新的价值。

自严冬启程，在春季播种，到秋天收获，又在周而复始的跋涉中，朝着"脱贫攻坚"发起属于上海电视人的最后冲刺。

不获全胜，绝不收兵。上海电视人的这场"信念之战"，未完待续，久久为功。

# "烽火连城"的创编

这是一档没有模式可循的节目，《我们在行动》一路都在摸着石头过河。

因为意义特殊，使命庄重，它让每一个人如履薄冰。

从 2017 年 10 月我作为节目制片人向台里汇报策划方案，到两个月后的 12 月初步达成节目模式，中间经历了一次又一次的架构、推翻、重来。

摆在我们面前的第一个挑战，是如何处理公益节目和赞助企业之间的关系。

第一季和我们达成深度合作的企业，是易居乐农，这是易居（中国）控股有限公司旗下一家以社区支持农业发展为理念的企业，和产业扶贫的理念吻合度较高。

最初，面对我的项目报告，经验丰富的台领导提出了自己的顾虑。他们认为，就当时的合作模式而言，以企业身份介入的易居乐农，的确可以为推动农产品销售提供积极的帮助，但"精准扶贫"四个字的使用必须小心翼翼，要对双方负责。

如果捆绑上了企业的盈利行为，可能会违背精准扶贫公益性质的初衷，那么节目的播出是否会给电视台带来社会舆论的压力？台领导的担心并非多虑，这是一个媒体管理者必须认真思考、精准把控才能做出决定的关键性问题。

易居乐农在对疑虑表示理解的同时，也表达了自己的态度，只有付出、没有回报的扶贫，无法让企业持久作为。他们认为，企业盈利与精准扶贫并不矛盾，相反，只要处理好这对看似不可调和的矛盾，建立起良性的循环机制，就能既让企业盈自身的利，也帮贫困农户脱自己的贫。

为此，我们双方展开过一场激烈的讨论，其目的都是为了能够实实在在地完成这场远赴他乡的精准扶贫。

经过一番仔细斟酌，易居乐农承诺在东方卫视平台的节目播出中出现过的农产品，一律不作为盈利产品投入产业链的规模化销售。双方在服务于国家、贡献于社会的共识中，达成了节目合作的初步意向。

接着，我和高峰、左瑞娟、汪甜盈、王蕾、陈宇等团队小伙伴一起，进入了有条不紊的节目创作流程，上演了没日没夜的"头脑风暴"。

当我们确定"产业扶贫"这一路线之后，节目模式逐渐明晰起来。我们认为，明星元素是十分必要的，尤其是这类公益节目，需要明星吸引关注。企业家群体的纳入，是因为他们可以嫁接更好的市场经验和社会资源。我们用真人秀的制作方法，深入农村生活，和贫困地区的百姓同吃同住，在深入了解、体验和思考的基础上，为产业脱贫寻找途径和方法。每到一地都为当地选择一款有特色、有潜力的农产品，帮他们做品牌包装、产品宣传、市场对接，包括技术支持、组织销售……整体沿着一条非常系统化的产业扶贫思

宁静当选名誉村主任

路，我们有了《我们在行动》的雏形。

节目中最终呈现出的名誉村主任竞选和产品订货会两大关键创意，都来自最初的策划方案。

2017年12月27日，高台长在《我们在行动》项目微信群里发了一条信息："东方卫视《我们在行动》很好，要上赶紧上，集团全力配合。"

当时，我回了两个字："好的。"

回完之后，我就想把这两个字给撤了，正犹豫着，发现已经撤不了了。

为什么我想撤了呢？当时，我们原定计划节目是在 2018 年三季度上档，因为夏、秋时节在农产品选择的丰富性上要比冬、春季节好上许多。如果说一季度就要上，我这个制片人还不知道国家级贫困县有哪些，策划当中的企业家和明星嘉宾一个都还没邀请过，更不知道在寒冬腊月可以包装出什么农产品。

作为一档原创公益节目，《我们在行动》本身不仅承载着收视率的重任，更承载着媒体使命与责任的重托。想要赶在 2018 年 3 月初召开的两会前播出，意味着节目的播出日期将定于 2018 年 2 月下旬。

再苦再难，都要服从于平台的全局安排。彼时，摆在我面前的，除了一份厚厚的策划文案，其他的一切，都要从零开始。

待到 2018 年 1 月理顺了各项事宜，细化了各部门的工作重点，离节目开拍只剩下不到 20 天的时间了。有过真人秀节目制作经验的团队都知道，这个数字意味着什么。

除了时间紧、任务重，当时还有一个问题是，因为东方卫视项目很多，几乎所有执行工种都有工作在身，我们不得不从外部寻找合作团队联合制作。

我们前后洽谈了三家制作公司，最终选择了湖南长沙广播电视集团国有控股的中广天择传媒。这家制作机构有着丰富的户外真人秀制作经验，尤其具备在艰苦环境下肯吃苦、打硬仗的实力，在纪实内容领域功力深厚。中广天择传媒董事长曾雄、总经理傅冠军、常务副总经理关敬蓉对这档节目高度重视，公司上下全力配合。出于相似的理念和创作的热情，我们走到一起，成了亲密的战友。

距离 2017 年 12 月 27 日接到高台长指示仅仅 29 天之后，我们就和企业家冯仑、演员凌潇肃、媒体人孙冕等人一起，出现在了陕西省刘卓村。

从理念到实践，从粗略到清晰，我们没日没夜地进行创作、调整、打磨。终于，样片火热出炉。

按照东方卫视的规定，任何上新的节目都必须经过一个系统的审批流程，由各部门的主要负责人对申报的新节目进行审议。

尽管我曾数次参加过这样的节目评议，但那一天，我的心情既有期待，又很忐忑。或许是因为倾注了太多的心血，又或许是因为这档节目激发了我从未有过的创作欲和挑战欲。

过去，我是一个在耀眼舞台上穿着漂亮曳尾长裙的女主持人。连我自己都没想过，有一天竟会去做一档走进农村的节目。我们团队的小伙伴也没想过，东方卫视这个向来走都市气质、国际风范的平台，要去蹭一身"泥土气"，天天讨论大米小麦、牦牛飞鸡……

因为已经在贫困地区亲眼见证了那些渴望的眼神，我迫不及待地希望节目早日推出，那样就能早一些让它发挥能量和价值，早一些为脱贫送去希望。但是在平台领导和前辈的眼中，他们又会如何评价我们的创新成果呢？

《我们在行动》第一次面向集团审片委员会各部门负责人的汇报过程中，遭到了一部分审议者的质疑。

让我没有想到的是，第一个提出异议的，竟是我的恩师小辰老师。她是金牌电视节目制作人，一手打造过《智力大冲浪》《舞林大会》等王牌节目，被誉为上海电视界的"综艺教母"，在业内代表着专业和严格。

她问我："主题这么正的节目，你们怎么保证内容好看？从目前的第一期来说，是有可看性的，但是后续怎么做呢？毕竟公益节目不能进行过于娱乐化的处理呀？"

小辰老师的疑问，道出了现场许多评审的想法。

那天的审议会议上，还有评审质疑这档完全在农村拍摄的节目，是否和东方卫视的平台气质不符，他们对观众能否接受存疑；也有评审对名誉村主任竞选的环节表达了不同看法，担心观众觉得稍显儿戏。

所有意见并非挑刺，因为这些疑虑曾经也是困扰我们创作的难点。作为参与审议答辩的节目主创人员，我唯一能做的，就是推心置腹地讲述自己对这档原创节目的期冀，表达自己鲜明的创作态度——心存敬畏，拒绝作秀。

讨论过程有些激烈，最终的评议结果再一次出乎我的意料：20 多位评审参与投票，仅有一人反对。

在经过反复论证后，台领导明确表示，为了节目的可看性，赞同增加戏剧冲突的拍摄方式，但必须加强竞选产生的名誉村主任的实际作用，同时要赋予节目更为清晰、更为合理的逻辑，要强调明星嘉宾的使命感，希望能够最大程度地保留农村扶贫公益节目的原汁原味。

《我们在行动》经历了不同于以往其他节目的前期筹备工作。无论在节目形式上存在多大的争议，在面对一档满载正能量的原创公益节目的时候，平台决策者们从更高层面的战略意义出发，采取了高度统一的做法，在确保节目品质的基础上，力争做到让全国首档精准扶贫节目早日顺利地播出。

2018 年 2 月 28 日周三晚 22 点，东方卫视创全国电视媒体之先河，正式推出全国首档精准扶贫公益纪实节目《我们在行动》。

# 众志成城的携手

回想起这过去一年多的日子，每天都是沉甸甸的、暖融融的。

一路走来，《我们在行动》得到了国务院扶贫开发领导小组办公室、中国扶贫志愿服务促进会、上海市人民政府合作交流办公室，各级地方政府，以及各大企业、组织和机构的鼎力支持。上海广播电视台举集团之力，东方卫视整合各项资源，众志成城。

放眼整个内容市场，《我们在行动》不是流量综艺，也非话题综艺，很多人问过我，扎根农村、投身扶贫的节目，真的可以赢得观众、吸引商家吗？

事实证明，一个有价值、有意义的好内容，一定也是有魅力的。

节目播出之后，我收到了许多友人的来电，他们询问在电视上看到的农村是否真的是贫困地区，尤其对第一季第五站河北十七道沟村提出疑问的朋友最多。

对此，我并不觉得意外和奇怪，因为我最初也是带着同样的疑惑进入了部分拍摄站点。有些村落第一眼看上去似乎并不贫穷，有许多房屋建筑都是崭新的，楼层也造得很高，难免让人无法将贫困与之相联系。但经过三天两夜的吃住同行，我们深刻感受到，表面的靓丽一新掩盖不了内在的空空如也，有的屋子里除了一张睡觉的床和一张吃饭的桌子，几乎什么都没有，用"家徒四壁"来形容一点儿都不夸张。

一方面，改革开放四十年以来，我国政府对贫困地区的扶持力度是巨大的，尤其近几年来，扶贫攻坚成为了政府的工作重点，从道路到水库，从电力到通信，贫困地区进行了大量的基础设施建设，那里再也不是人们印象中的山穷水尽。另一方面，虽然学校建起来了，住房造起来了，但"软件"并没有及时跟上硬件设备的更新速度。人力资源的匮乏，思维模式的落后，导致了很多贫困地区没能搭建起农产品的产业链，村里的宝贝卖不出去，并非产品本身的质量问题，而是在营销渠道、运营理念上遇到了问题。这对于贫困户而言，是难以走出的困境。

《我们在行动》的特殊就在于此。我们所做的工作，不仅仅关系节目是否好看，和收视的高低——更重要的是，我们所策划的每一个助农方案，都直接影响到脱贫效果。

在这一点上，我们绝不允许出错，因为每款产品都涉及很多贫困户家庭的收入，以及贫困地区的产业发展。因此，我们会非常认真、全面、深入地去踩点，再组织各方共同评估、决策，然后进行包装、设计、宣传，包括物流、销售等各方面的全链条实施与配合。背后的这些付出，可能是大家看不到的，却是我们最有成就、最有收获的地方，因为我们不光是在做电视节目，还在扎扎实实干扶贫事业。正是因为知道农产品销售对农民有多重要，

陈蓉、林永健、聂远、王迅、杜国忠与村民一起在田间劳作

所以节目一直在强化产品思维，不容懈怠。

《我们在行动》第一季扶贫产品认购总量是 1000 多万元，第二季将近 2000 万元，第三季达到了 7000 多万元。一方面是因为节目的影响力在增加，另一方面是通过前两季的铺垫，我们对农产品的产业链更加熟悉，包括大量企业、观众出于对节目的信任，愿意跟随我们每一站下单，销售渠道进一步打通，使得销量实现重大突破，这是我们惊喜不已的。

节目在每一站的产业扶贫举措均获得了成功，这离不开三季节目的冠名商易居乐农、拼多多、斑马会员，以及众多赞助商对我们工作的大力支持。

万事开头难。在一切从零起步的时候，易居中国董事局主席周忻给我提供了节目创意的来源。在我们摸索和架构电视扶贫的市场逻辑的时候，易居中国联合创始人、易居乐农董事长朱旭东给了我们大量的支持。他们说，能够为精准扶贫出一点微薄之力，是作为一个企业家最欣慰的事情。

让我们感激于心的是，这些冠名企业还以它们强大的影响力和执行力，一路和我们并肩作战，克难攻坚。以最新播出的第三季为例，冠名商是国内知名会员制电商平台"斑马会员"，它早在 2017 年就积极响应国务院"消费扶贫"号召，助力贫困地区农产品流动和销售，推出了公益助农项目"中国田"。在第三季《我们在行动》的产品调研阶段，斑马会员与我们一起建立了"电商扶贫"的市场思维和运营流程；在售卖阶段，它调动平台众多农产品供应链企业以及庞大的会员基数，频频创造销售纪录。

在山西平顺站，我们精心包装的潞党参产品比较特殊，它在市场上相对小众，同时全国的党参都面临着滞销难题，我们最初预估销售额不会超过 300 万元，其中斑马会员预认购 100 万元。在订货会现场，当看到数字快要

潞党参

定格在 270 万元的时候，公益大使刘涛、王凯又是唱歌、又是游说，热情高涨地继续发起认购号召。斑马会员创始人沈丹萍也以公益大使的身份，参与了本站录制，在责任心和使命感的驱使下，斑马会员现场决定将认购金额提升到 396 万元，帮助本站最终创下了 666 万元的喜人成绩。

以贡天下为代表的斑马会员供应商，也全程参与了节目录制。在重庆奉节站，贡天下为扶贫活动整合脐橙供应链，并独立认购 900 万元的扶贫产品，这一站最后订货会总金额达到 3000 万元。

后续交流中，斑马会员的合作伙伴告诉我们，结束了山西平顺站的录制之后，他们立即进行了紧急讨论，一方面着手开发潞党参的衍生品，让产品更加多元化、更有吸引力；一方面进行产品的设计包装，并导入足够的平台流量。最终，产品上线仅仅一个半小时，销售额就破了 100 万元。

他们感慨，这次电视扶贫的经历也给了他们积极的启发——很多事情不是想不想做，而是敢不敢做的问题。我想，大概就是因为我们共同的敢想、敢做、敢拼，才有了这一季不可思议又振奋人心的"7000 万 +"。

令我们备受鼓舞的是，上海市委书记李强专门了解了《我们在行动》的制作思路，他非常关心这档节目，充分肯定了上海广播电视台对扶贫工作所作的努力和贡献，衷心希望节目可以继续做下去。

2018 年 7 月 11 日，上海广播电视台《我们在行动》公益节目研讨会在北京召开。主管部门相关领导、节目主创人员、企业赞助方、扶贫专业人士、资深媒体人等齐聚一堂，从节目的创新形式、运营模式、扶贫意义以及扶贫成果等多方面进行了深度地探讨。

广电总局宣传司司长高长力表示，要动员整个系统、我们的节目资源、我们的宣传能力，全力以赴地配合中央的这项重要工作。《我们在行动》节目的贡献在于为全系统脱贫攻坚宣传提供了一个样本，也提供了一个引导。

原国务院扶贫办政策法规司副司长夏长勇认为，身处社会经济最发达的上海，《我们在行动》扶贫节目充分体现了上海广电同仁的政治敏感和责任担当，值得全国电视新闻同行学习借鉴。

上海市人民政府合作交流办公室主任、党组书记、市对口支援与合作交流工作领导小组办公室主任姚海也表示，这档节目打开了精准扶贫工作的新局面，接足了地气，让广大群众都能生动了解国家战略，知道国家为了扶贫做了多大的努力。

姚海主任还对我说："你们的节目，基本每期我都要看多遍。你们立意好，内容好，制作也是精湛的，好几段都会让人落泪。你们把脱贫攻坚的政策深入浅出、浅显易懂地让老百姓认知认同。"

能将一档电视节目做成一个扶贫工程，这背后凝聚了太多人的心血和汗水。

第一季时，时任东方卫视中心党委书记李逸和中心总编辑鲍晓群深度参与了《我们在行动》的策划，在审片过程中给了我许多积极的建议；在海南站，上海文化广播影视集团有限公司副总裁袁雷和李逸书记专门到达拍摄现场，袁总鼓励我说，尽管海南不是我们上海的对口扶贫地区，产品也要做出特色来，销售收入更是不能少，李逸书记积极联络、组织资源，为节目各种张罗；在山西站，袁总和现任东方卫视中心总编辑王立俊一起，陪同广电总局的领导考察并指导我们的工作，令我们备受鼓舞。东方卫视总监王磊卿从节目立项到执行，甚至包括每一季、每一站公益嘉宾的人选联络，都做了大量细致的工作。

上海广播电视台党委书记、上海文化广播影视集团有限公司党委书记、董事长王建军每一次遇到我，都会关切询问项目的进展情况，了解是否有困难需要协调和帮助。上海广播电视台台长、上海文化广播影视集团有限公司总裁高韵斐从创意之初就在一手抓这个项目，他还特别用习总书记写给老艺术家牛犇的一封信激发我们的创作热情，要争做有信仰、有情怀和有担当的人，用我们的节目不断传递正能量。上海文化广播影视集团有限公司监事长滕俊杰多次表达对节目的关注，指导我们善作善成。

上海市委宣传部对《我们在行动》也非常关心，胡劲军副部长经常推送各地扶贫信息以及拍摄建议给到我和节目组，开阔了我们的创作思路，提升了我们的节目站位。

从领导到同事，从台里到台外，从不辞劳苦的伙伴到陌生的热心人……在我偶尔感到迷茫或者无助的时候，大家给予了我太多的支持与关怀。我无法逐一表达感谢，但我早已将所有的情谊放在了心里。唯有全力以赴，才能不负信任。

我很喜欢这么一句话："每个人的心里都有一团火，路过的人只看到烟。但是总有一个人，总有那么一个人能看到这团火，然后走过来，陪我一起。"

于我们而言，于东方卫视而言，《我们在行动》就是一团火，它为我们照亮了一条路，聚合了一束光，还点燃了无数人的心。

# 第二章

## 生长于时代土壤的中国原创

既然这是一场必须要打、必须打好的战役，那就只有迎难而上，顶着压力往前冲。

# 纪实形态和综艺手法创新融合

自策划阶段起，我们就将《我们在行动》定调为"精准扶贫公益纪实节目"，它坚决舍弃了"真人秀"的提法，将之打造为一场真扶贫、扶真贫的社会行动。

这档节目中，没有明星真人秀所谓的体验秀、游戏秀、访谈秀，而是将"真枪实干"的工作态度贯穿在了每一个环节。

一直以来，纪实类节目都是上海电视的传统强项，也是其运用电视手段反映现实生活、把握舆论导向的重要表现形式。在落实好重大国家战略宣传、助推实施的过程中，我们坚持了一种真诚的、朴实的创作理念。

《我们在行动》紧紧围绕精准扶贫这一主题，以纪实的手法，嫁接媒体人善于挖掘人物、挖掘细节、挖掘故事的功底，充分记录从精准入户到产品研发，到订货会推广，到资源整合的脱贫历程。

上海广播电视台充分调动旗下各种广播电视资源来宣传这档节目，进行新闻报道、专题报道、线下宣推，广泛联合政府、企业、明星等各方力量，帮助当地有特色的农副产品走向市场。节目不仅帮助贫困村民树立脱贫的信心，还激发了广大观众的扶贫热情。

制作一档呼应国家政策、强化公益性质、立足农村经济的节目，注定在创作过程中面临的课题是全新的，方法和路径也必须是全新的。

这些年来，整个综艺形态在城市这个空间环境里的类型属性已经非常丰富了，但是农村题材还主要停留在穷游类、亲子类、体验类，所以本身是有挖掘空间的，可是相比之下，农村题材又有一定的创作局限。

我很认同第一、第二季节目执行总导演李诗竹的一段话："我们不能让它过度娱乐化，毕竟政策性、公益性内容的严肃气质摆在那里，但如果太过刻板，又会显得生动不足、亲切不够，难以吸引广大观众，创作的包袱还是挺重的。"

千头万绪的时候，我们选择先去吃透政策。

主创团队中，有一部分是做民生新闻出身的，大家有对国家政策的基本了解，也有一定的敏感度。但是正式创作之前，我们要求团队所有人员临时补课，熟悉各种政策、文件、讲话、精神，了解大量的鲜活案例。我们从中总结出的最重要的一句话是——"授人以鱼不如授人以渔"，这也成了节目在帮扶过程中的重要思想。

有了方向指引之后，《我们在行动》的叙事逻辑日益清晰起来，并且形成了三大主要的模式点：

第一，节目的主体是公益大使，他们要去发掘大山里的瑰宝。这些瑰宝可能还是需要雕琢的璞玉，需要他们拿出"授人以鱼不如授人以渔"的态度，帮助贫困山区解决"瑰宝"所存在的问题，协助村民设计思路、提供技

绣有"我们在行动"字样的绣品

术、搭建渠道，疏通市场，让这些优质的农产品走出山村，走向城市的餐桌。

第二，"公益大使"进到村子里面之后，我们不希望他们只是外来的体验者，而要激发他们的主人翁意识，提升他们的融入感和参与度。借由"竞选名誉村主任"这一颇具仪式感的环节，不但快速拉近了公益大使和当地村民的情感距离，还赋予了他们使命感和责任感，这在某种程度上成为节目最有戏剧冲突、互动看点的环节。

第三，订货会、发布会是一锤定音、立竿见影的"扶贫高潮"，它相当于每一站的精准扶贫效果发布，可以让当地村民直观感受到节目在拍摄期间为他们带来了哪些改变、取得了哪些成果，未来能给他们的近景、远景带来怎样的期待和回报，这势必会激发、坚定、巩固他们的脱贫信心。

这档节目制作的过程，很像是一场社会实践。不敢说我们每一次提供的方案都是最完美的，但是我们一直强调两个字：初心。我们告诉自己，我们做的这个事情是可以改变别人命运的，我们不是在完成一个拍摄任务或是商业合作，而是被赋予了很神圣的使命去完成一件很了不起的事情。

团队里的小伙伴感慨，之前，我们做了很多的娱乐节目，笑笑也就过了，然后大家头痛、心累的就是收视率出来到底怎么样，《我们在行动》是很难得的一次修炼心性之旅，因为你真的必须得沉下去，为贫困地区的生计和未来考虑，站在他们的角度去考量，了解他们的故事，洞察他们的需要，然后再做好我们的内容。而且一定要清醒认识到，这不是作秀，只有真情实感，才能打动更多的人、感染更多的人、影响更多的人，最后一起来改变贫困。

尽管节目有一个相对固定的框架，但我们在抓好精准扶贫的大主题下，还是力求让每一期都有创新感和丰富性，这就是一个很伤脑的过程。

以名誉村主任选举为例，我们除了最传统的竞选投票，还尝试过换道具、换空间，于是就有了流动票箱式投票、演说式竞选投票、才艺式竞选投票，我们不希望简单重复，不然会让观众产生审美疲劳。过程非常煎熬，很有挑战，但是挑战之后又很有成就，我们觉得，只要保持初心去做，当看到结果的时候，就会为自己感动、被自己鼓舞的。

《我们在行动》一经推出，连续位列全国 52 城同时段节目收视率第一，创造了省级卫视公益类节目的最高收视纪录，其中高学历观众人群占比超过九成。节目豆瓣评分 8.8 分，被点赞为"一档扎扎实实为老百姓做实事的走心节目"，并得到了主流媒体的充分好评和自媒体的大量"自来水"。

某种程度上,《我们在行动》也是东方卫视立足新起点、紧随新形势"守正创新再出发"的有力缩影。在全新一轮改版中,东方卫视深挖纪实优势、深掘队伍潜能,强化了对"小成本、大情怀、正能量"类节目的精耕细作。在第 25 届上海电视节上,《我们在行动》第三季和《闪亮的名字》携手闯入"最佳电视综艺节目"入围名单,《人间世 2》喜获"最佳系列纪录片"殊荣,这些作品共同代表了东方卫视现实题材上的砥砺创新和引领突破,获业界点赞,并掀起了一股中国电视界高品质、正能量的文化新风。

东方卫视中心总监王磊卿特别提道:"这个节目播出以后,有一家媒体曾经这样评论,《我们在行动》用公益性的元素和基因,打造出了一档与当下市场主流趋势完全不同的节目,可谓一股清流。"他认为,正是《我们在行动》的出现,使东方卫视在喜剧、户外真人秀等特色品类之外,"又多了一个新的品类,就是清流综艺"。

一系列积极的反馈,让我们更加坚定了一个信念:直指人心、直面现实的节目,是一定能够得到观众认可和喜爱的。

东方卫视中心总编辑王立俊表示:"未来,我们还将继续以社会观察、社会记录、社会实验、社会讨论等各种方式,推出一系列的现实题材的创新综艺节目,努力地把社会生活、百姓情感、主流价值和综艺表现形式交汇在一起,形成新的热点、焦点和兴奋点。作为电视人,只要我们还有梦想,只要我们还坚信梦想,我们就依旧年轻、依旧活力、依旧有力量。但是,我们也不会忘记,奋斗是青春最亮丽的景色。"

# 明星嘉宾零片酬的创举

2018 年，关于明星天价片酬、影视行业规范、艺人道德素养的问题引发全社会聚焦。早在"限酬令"出台之前，《我们在行动》就率先撕开了一条口子——一群"史上最苦最累的明星朋友"说："不给钱，我们也一定要来！"

出现在这档节目的嘉宾，不是在录影棚里舒适地玩游戏，而是真正上山进村，和贫困山区的村民们进行三天两夜的共同生活。

明星也好，主持人也好，企业家也好，他们完全褪去了那层所谓的身份光鲜，不拿片酬、不辞劳苦，吃着农家饭，讲着乡土话，和农民一道顶着大太阳在地里干活，冒着暴风雪在乡间奔走，身心下沉，奋斗在扶贫攻坚的第一线，为推广大山里的"珍宝"劳心劳力。

有观众将《我们在行动》形容为明星的"走转改"和"下基层"——在平等交流中产生的情感冲击，将明星们从不食人间烟火的样子拉回到朴实的土地，切实让明星们变成了公益行动的积极参与者，而非走过场的花架子。

　　这一创举的缘起，是高韵斐台长当时给我下达的一个硬命令。他说，既然是公益节目，明星得是零片酬。然而，那时演员的片酬行情和现在很不一样，一开始，我们觉得这是不可能完成的任务。

　　最初确定嘉宾人选时，我专门准备了一个笔记本，把嘉宾分成了三类：第一类是一批标杆型的公益明星，本身有参与公益的热情；第二类是收视率的保证，即所谓的"流量担当型"，可以以他们的人气拉动社会对扶贫的关注；第三类当地籍贯的明星艺人，这类嘉宾的添置优化了团队的组合，从情感层面来说，这些明星有关注家乡、回报家乡的使命感和责任心，也有某种程度上的向导功能。

　　万事开头难。"零片酬"的创举在具体实施阶段，碰上不少的软钉子。

　　获邀嘉宾或是档期不合，或是回复只做和自身公益品牌有关的活动，还有大量人士对节目的纯粹性、真实性持观望态度，担心"被消费"。对此，我也报以理解。毕竟，我自己也有过被所谓的商业活动忽悠成公益行为的经历，这档节目到底会做成什么样子，大家都没有直观的认知。我们唯有全力以赴，用行动打消大家的疑虑。

　　在嘉宾邀约最为困难的阶段，陕西籍艺人凌潇肃应声而来，给了我们巨大的慰藉。

　　节目中，他用家乡话瞬间拉近了与村民之间的距离，让整个节目组在最初与村民的沟通格外地顺畅和亲近。为了给刘卓村挂面树立更好的品牌形象，他还特别邀请了自己的老师——陕西国画院花鸟画院执行院长蔡小枫，为手工挂面设计包装。

　　真情藏不住，真心看得见。

陈蓉在课堂上

　　《我们在行动》第一站，我和孙冕、冯仑、蔡小枫、凌潇肃经过三天两夜的悉心准备，排除万难，成果斐然，一举为村民们谋得了 4 万斤的销售订单。不仅如此，节目播出短短 10 秒时间里，已有近 30000 人在线同时下单，3 万斤手工面瞬间销售一空，供不应求。

　　自此，《我们在行动》便尤为注重公益大使和扶贫对象在地域上的匹配性。云南人胡静，广西人乔振宇，河北人王宝强，贵州人邹市明、冉莹颖、宁静，新疆人王景春和麦迪娜，重庆人蒋勤勤，藏族青年蒲巴甲……亲切的乡音、眷念的乡情，让大家在这场行动中更多了一种由衷的改变家乡的热望。

当我们一遍又一遍发出邀请，更重要的是，当明星们看到这是一档绝不作秀、真心实意、效果显著的公益扶贫行动时，都表示这是回报社会、回报家乡的好机会。让我感激于心的是，越来越多的明星，加入了这场火热的战役。

在前两季节目中，凌潇肃、钟汉良、胡静、蔡国庆、汤晶媚、邹市明、冉莹颖、叶祖新、任贤齐、郭晓东、阿佳组合、郭碧婷、王宝强、乔振宇、郭涛、王景春、麦迪娜、霍尊、李维真、曹可凡、胡杏儿、陶昕然、佟瑞欣、林永健、聂远、王迅、郭阳、郭亮、卢鑫、玉浩等演艺界人士，以及冯仑、潘石屹、袁岳、朱旭东、钱东奇、钱程、杜国忠、田原、孙冕、石哲元、顾佳斌、孙坚、郁瑞芬等企业界人士接力助阵，他们节目内不辞劳苦、节目外不遗余力，成为彰显公益属性的一大亮点。

到了第三季，明星阵容空前强大。六站中，童瑶、李宗翰、汪文平、宁静、金瀚、耿政松、蒋勤勤、王耀庆、夏绍飞、杨昊铭、罗杰、刘涛、王凯、曹可凡、沈丹萍、蔡国庆、吴谨言、汪香澄、Angelababy杨颖、俞灏明、聂远、蒲巴甲、金宇晴等24位公益大使参与其中，还不乏前两季的热心面孔，比如蔡国庆、聂远、曹可凡。

接连参加了三季节目的公益大使代表蔡国庆由衷感慨："过去，演员明星都渴望参加高投入、高回报的节目，但是《我们在行动》是一个崇高的节目，能够用公益的力量印证人生价值，让我们产生了在别的节目当中不曾有过的深深反思和感动。它让我们真正回归本心，认真思考在这个时代我们到底可以为这个社会、这个国家做些什么？我们应该要有什么样的精神上的引领？以至于我们在节目中哪怕零片酬也全身心、无保留地投入，也算是在中国演艺界作了先锋表率作用。不管是多大的明星，我觉得都应该用这样的节目，使心灵得到一次重新洗涤，认知自己，找到自己。"

《我们在行动》的出现以及成功，打消了大众长期以来的一个偏见——以前，观众和业界对于娱乐节目的泛滥，包括明星高片酬、正能量缺失是颇有微词的，但通过《我们在行动》我们发现，其实关键在于节目可以搭建什么样的平台，抵达何种意义，大量文艺工作者有回馈大众的意愿和自觉。

为啥大家要抢着上《我们在行动》？我想了很久，觉得这个答案应该是：公益的真诚。

我们始终提醒自己，一定要做经得起时间检验、受得起百姓认可的节目，我相信大家一定是感受到了我们这颗切切实实的帮扶之心。

观众们在《我们在行动》所感受到的明星能量，是温暖、正向、有力的。数据显示，《我们在行动》除了在电视端表现喜人之外，大量网友通过碎片化时间在微博上通过短视频了解了这档节目，其中年龄在 16～30 岁的占了 65%，大学以上学历人群占了 82%，覆盖地区以广东、浙江、北京等经济发达地区为主，这部分群体不仅具备助农公益行动的能力，也是社会的中坚力量。

他们中的许多人，是因为喜欢的明星所以追看了相关片段，然后被节目深深打动，自发传播、探讨并参与，成为《我们在行动》的一分子，为民生奔走、为脱贫助力。

当许多人都在抨击"流量"的时候,《我们在行动》已经树立了另一个"流量模型",撬动社会的多元力量,加入这场与时间赛跑的国家攻坚战役——对于明星群体来说,他们的能量值就是应该以这样的方式扩散、发酵,用一颗爱心去呼唤另一颗爱心,以一片真情去感动另一片真情。

# 电视扶贫的造血工程

2017 年 6 月 23 日，习近平总书记在深度贫困地区脱贫攻坚座谈会上讲道："要改进工作方式方法，改变简单给钱、给物、给牛羊的做法，多采用生产奖补、劳务补助、以工代赈等机制，不大包大揽，不包办代替，教育和引导广大群众用自己的辛勤劳动实现脱贫致富。"

1.0 时代的公益节目，关键词是"给予"，对方缺什么，你就给什么。开创了 2.0 时代的《我们在行动》，打破了以往的输血形态。

节目没有复制简单的捐钱、捐物模式，而是真正将智慧和资源带到当地，帮助贫困地区村民们真正通过自己的双手去创造属于自己的财富，增强贫困地区的造血功能。

第一季策划伊始，易居乐农董事长朱旭东提出过"CSA"即社区支持农业（Community Support Agriculture）的概念，这个概念于 20 世纪 70 年代缘起瑞士，并在日本得到最初的发展，随后在世界范围内得到传播，它为农产品提供了从生产、批发、流通，最后到终端的一个完整链环解决方案，让农民和城市之间形成了相互支持的经济合作关系。

酒香也怕巷子深。中国是农业大国，从不缺好的农产品，缺的仅仅是将优质农产品与城市居民无缝对接。

《我们在行动》被定位于一项综合的、长期的、实效的扶贫工程，旨在打造一个精准扶贫、贯穿农产品产销的产业平台。通过《我们在行动》包装出来的扶贫产品，将会有节目合作企业全程跟进项目执行，为贫困地区创造稳定的、持续的供销保障，帮他们完成一次次健康的造血工程。

当我们拆解《我们在行动》的名称内涵时，会发现"在行动"是它的积极姿态，"我们"则是它在焕发公益磁场效应的过程中，所吸引的越来越强的社会力量。

沿着"产业扶贫"这一核心思路，《我们在行动》在上海市人民政府合作交流办公室以及各地政府相关部门的指导下，通过整合媒体、企业家、明星的资源与优势，为贫困村民寻找脱贫致富的道路。

因为《我们在行动》，我和我的同事把自己磨练成了产品经理、营销总监、创意达人。把原生态的农产品送到城市的餐桌，这背后需要搭建一系列的链条，贫困山区的村民不懂这些，所以我们希望做的不仅是宣传报道，还要做"连接"和"循环"的工作，去建立一个积极有效、调动社会的公益生态系统。在我看来，这也是更能体现主流媒体公信力和价值感的地方。

由于《我们在行动》节目播出平台是面向全国的东方卫视，这就要求节目在各个方面考虑得更为周全。

首先，关于特色。对贫困地区农产品的选择既要具有地域的卖点，又要尽可能同时获得南北区域的喜爱，兼顾东西群体的口味。

奉节脐橙

　　其次，关于物流。大多数贫困地区地处偏远，许多物流没法进入，当农村与城市对接后，时间又成为了物流运输中的一大成本。《我们在行动》节目的精准扶贫模式决定了企业会选择可包装、损耗低且保质期较长的高辨识度产品，同时又竭尽可能为他们搭建高效、便捷的物流渠道，打通流通难点。

　　接着，关于合作社。对于原先已有合作社的农村，如何充分利用合作社的经营，提高合作社的工作效率，成了我们工作的一项重点；对于尚未成立合作社的农村，想尽一切办法帮助村民顺利成立合作社，同样是节目需要努力去促成的。当然，未能成立合作社的原因很多，主要还是在于收益方面的矛盾，贫困户看不到收益的空间。于是，每一站节目中的订货会、发布会变得尤为重要，其成功与否，将直接影响贫困户加入合作社的意愿与行动。

从实际效果来看，《我们在行动》让销售端的成功倒逼了生产端的推进，整条产业链中参与的人越多，产业化程度就会越高。

《中共中央、国务院关于深入推进农业供给侧结构性改革加快培育农业农村发展新动能的若干意见》（2017 年中央一号文件）指出，农业的主要矛盾由总量不足转变为结构性矛盾，突出表现为阶段性供过于求和供给不足并存，矛盾的主要方面在供给侧。必须顺应新形势新要求，坚持问题导向，调整工作重心，深入推进农业供给侧结构性改革，加快培育农业农村发展新动能，开创农业现代化建设新局面。要求推进区域农产品公用品牌建设，支持地方以优势企业和行业协会为依托打造区域特色品牌，引入现代要素改造提升传统名优品牌。

媒体与企业的联合作业，让国家的扶贫攻坚战不再专注于生产的单一端口，而是完成了一整个链条的搭建。

从关中的寒冬暴雪到云南山间的泥泞跋涉，从岭南梯田里的汗水耕耘到西藏高原上的艰难求索，《我们在行动》用有目共睹的扶贫成果，创造着一个又一个惊叹号。

2019 年年初，我收到广西地灵村村支书的一封感谢信。第一季拍摄时，整个村子十万斤的红糯滞销。现在，整个村子 87% 的土地用来种红糯，每亩增收 800 到 1000 元，很多以前外出务工的年轻人回乡加入种植，可以和家人团聚……而类似这样的变化，几乎在我们走过的每一站都欣喜地上演着。

我们以往做节目，只想着如何把节目做得好看、感人，但是《我们在行动》给了我们巨大的激励，让我们看到了媒体在集结社会资源、撬动全民力量、参与国家建设层面的无限可能，也鼓舞着我们想千方、设百计去为扶贫事业做加法。

基于第一季的出色成绩和良好口碑，第二季、第三季将更多的篇幅放在了观念普及、技术帮扶和资源整合上，借由电视平台的传播和示范，让更多贫困山区的人们知晓改变传统、走出闭塞、学习技术的重要，为全民攻坚的扶贫战役提供有效的参考模板。

响应中央扶贫攻坚的号召，与国家命运同频共振，激励大众向上向善。广电总局发表专报《上海东方卫视〈我们在行动〉关注精准扶贫助力乡村脱贫》，称赞节目"为脱贫攻坚工作注入了正能量"。

# 传递情感和人性的暖光

2019 年 5 月底，我们举行了第四季节目的第一次筹备会。

这次会议上，小伙伴们分享了这样一个概念："扶贫的本质是公益，公益的本质是施与爱，但其实，在制作这档公益节目的过程中，村子里的那些人也施与了我们。扶贫并非从 A 到 B 的单项传输，而是互相成就。发现他们的美好，传递这份美好，让他们有尊严地变得更好，我们的获得感和幸福感不比他们低。"

面对"扶贫"这一题材，我们收起悲天悯人的姿态，选择用诚恳的、平视的视角去走进生活，既理性找问题、挖穷根，也积极寻出路、做动员，希望带领观众看到贫瘠里的希望、苦难中的笑脸，整体传递的是温暖的感动和不屈的力量。

因为去过中国百余个贫困县，开过最险最急的盘山公路，见过真正家徒四壁的房子，也见过因为家境贫寒、凑合着穿奶奶鞋子的十四岁少年……尽管无法感同身受他们所有的酸甜苦辣，但亲身见证的扶贫路上的每一幕，都是对我们每一个电视人身心的洗礼。

专注产业扶贫的同时，我们不断拓展"扶贫+"的概念，对精神扶贫、文化扶贫不遗余力。

在海南省白沙黎族自治县牙叉镇对俄村，我们不仅与当地政府合作成立了爱心教育基金，资助贫困儿童完成学业，还帮助一位患有心脏病的小女孩符夏玲免费完成了救治手术。一个十岁孩子的命运，因此就改变了，这不光是节目的

红河州空乘学员执行首飞任务

功劳，也是公益大使、社会各界为我们创造了条件。

手术那天，节目组许多人都在门口等着，得知手术成功的那一刻，大家喜极而泣，玲玲的父母一遍又一遍说着感谢。面对这些鲜活的个体，我们的情感早就融为一体了。

在山西平顺拍摄的时候，我们碰到了一位被一对夫妇抱养长大的青年张李晋，他的愿望是成为一名厨师，这样可以有高一些的收入，让父母过上好日子。结束拍摄之后，我们把他带到上海杨浦职业技术学校，学校为其配备了最强的师资，创造了极好的实习机会，希望他能学好本领、回到家乡，好好孝敬父母。

首批云南红河籍空乘学员登上春秋航空首飞当日，我们将他们的父母请上飞机，共同见证这激动人心的一幕。空乘学员们说，原本希望自己有了经济能力后，能带家人坐一次飞机，让他们看看大山外面的世界，也看看自己身穿制服的飒爽英姿，没有想到的是，节目为他们提前完成了这个心愿。并且，在《我们在行动》的促成下，春秋航空和红河州又签订了长期的空乘以及飞行员的培训计划，让更多年轻人实现"蓝天梦"。

和年轻、活力、潮流、时尚的都市相比，《我们在行动》所到之处显得沧桑、失落、衰老和贫瘠，却同样不失勇气与信念、奋斗与乐观。

云南省金平苗族瑶族傣族自治县黄家寨村几乎就是"妇女村"，优秀女性顶起了大半边天；河北省张家口市阳原县揣骨疃镇，有个仅有一师、一生的香草沟小学，老校长说："只要有学生在，我就在，我会对学生负责，不会辜负乡村父老乡亲的期望"；在空心化情况严重的湖南省湘西土家族苗族自治州龙山县石牌镇，在得知当地一所留守儿童比例高达 80% 的小学仅有

彝族女孩快乐舞蹈

两名代课老师后，"大城小爱慈尚会"创始人顾佳斌运来附带厨房、卫生间、卧室的简易房"荣耀之箱"，通过解决住宿问题，来吸引更多支教老师。

心连心的故事多次上演。在新疆巴楚瓜的发布会上，来自上海的旅行团热烈助阵；在云南站的民族风情T台秀上，当地合作社的哈尼族妇女和来自上海海派旗袍协会的姐妹联袂演绎美丽与自信……诸如此类的动人场景，贯穿《我们在行动》节目始终，诠释着何为扶贫路上的"不抛弃，不放弃"。

若想改变一个村落贫困的面貌，除了外部帮扶，内生造血同样重要。在这场如火如荼的战役中，有奋战在一线的扶贫干部，有本土地区的"先富"帮"后富"……那些青春的面孔，格外令人惊喜和欣慰。

现为上海援疆公益组织当地负责人的小艾，为了帮助乡亲们走出贫困，于2016年毅然决然从一家国营单位辞职，投入家乡的留香瓜事业，给村民提供种植方面的指导，帮助他们打通销售渠道，因为工作的特殊性，他长期驻守在村里，无暇关照父母、妻子和年仅2岁的孩子。当我们提到儿子，他顿时眼眶泛红，语气哽噎了。最近一次回家，他也只待了一天，他说："因为担心项目随时有啥情况，总想着项目弄好了再回去。"

我们还看到了一个执着于种植留香瓜的青年，他叫阿布。尽管面临着40℃高温、50亩地、一个人的窘境，他依然开朗乐观，积极应对着这些难题。他说："这是我长久的梦想，做这些很开心，并不会觉得累！"

对于一方水土来说，有年轻人，才有希望、有未来。因此，在关注贫困现状的同时，号召年轻一代热爱家乡、回归家乡、建设家乡，是《我们在行动》的迫切心声。

几乎所有的产品发布会，我们都在高度诠释乡土情怀——海南的无人机编队表演紧扣"生长"这一主题，公益大使为孩子们编织了一个"热爱家乡、拥抱未来"的美好愿景；湖南省龙山县石牌镇的产品发布会主题为"让家乡成为有梦想的地方"，大家助推百合高端品牌"西品龙山"建立，就是为了给进城务工人员提供回乡就业的机会，让父母陪伴孩子成为可能。

第一季时，公益大使潘石屹走访村民拍摄"残缺全家福"，大量年轻人都出外打工或远嫁他乡，留下年幼的孩子和年迈的老母在贫困的家乡等候着他们的归来，这在网上掀起热烈关注及讨论。

第二季的收官之站，还是在河北，还是在空心村，还是呼唤"常回家看看"，《我们在行动》换了一种形式，我们去往全国各地，去拍摄那些远离家乡的游子，录下他们对家乡、对亲人的惦念。

每当这些质朴又真切的片段播出的时候，许多网友表示"泪如雨下"。这种状况，在今天的中国太有代表性了，我们真诚希望带动彼此的情感沟通，呼唤更多的年轻人能多回来，能留下来，能在广阔的农村天地大有所为，大有作为。

质朴无华的真诚之美，让这场暖流行动，迸发出源源不断的感召力。在这场"真刀，真枪，真行动"中，我们用"真听，真看，真感受"，见"真人，真事，真情感"，温润传递爱与暖、力量与勇气、坚守与希望。

# 第三章

## 星星之火，可以燎原

在广袤的农村尤其是贫困的地区，生活的强者比比皆是。他们在大地的褶皱里，长成了命运的掌纹。

# "爷爷的面"火了

行动地点：陕西渭南市澄城县刘卓村

行动时间：2018 年 1 月 25—28 日

公益大使：孙冕、冯仑、凌潇肃

2018 年 1 月 28 日晚，随着执行导演的一声"CUT"，《我们在行动》第一站陕西站的节目录制就此全部结束。整个节目组内紧张了三天两夜的每一位工作人员，终于长长地叹出了一口气，算是对工作圆满完成的庆祝。

随即，看着这口气在零下摄氏度的空气中迅速凝结成白雾后，大家又沉寂了下来，各自似乎都在思考着什么。

又下雪了。回头望见取景地再度披上了一层白衣，四天前尚在潼关守望着同一片白茫茫的大雪时，我们不曾想过离别时的情景会是如此的宁静。陕西省渭南市澄城县安里乡刘卓村，再见！

每一个开始，都是令人难忘的。《我们在行动》的第一站既是蹒跚起步，亦是华丽起跑。

最初，我们将第一站的拍摄地点定位在陕西省渭南市大荔县，即将开机时，一个"美好的意外"在 1 月 18 日让大家茫然不知所措。在最新公布的陕西省贫困县脱贫摘帽工作报告中，大荔县赫然进入了这份名单，这意味着待到《我们在行动》节目播出时，大荔县已不再是国家级贫困县。

在为大荔县高兴的同时，全体组员顿时迷失了继续的方向。

为了三天两夜的录制，寒冬腊月里，团队光是踩点工作都花费了半个多月的精力，如今一切从零开始，岂能让人安心？按照我们原定的开机计划，距离第一站拍摄仅有一周了。我第一时间鼓励着"前功尽弃"的主创团队要稳住阵脚，希望大家放下心理包袱，争分夺秒，另选拍摄地点，继续筹备陕西站的拍摄工作。

经过整个团队的协作搜索，当晚，我们初步锁定了位于渭南市与大荔县相隔不远的澄城县。根据初步了解，当地最受欢迎的农产品应是苹果。可惜的是，年前的澄城县正值寒冬时节，当地又屡遭大雪，对果园进行拍摄的计划显然无法实施，只能忍痛割爱。

功夫不负有心人，踩点负责人传来一个消息：在和当地农业局交流后发现，在澄城县安里乡刘卓村藏有一个当地特色的手工挂面，世代相传了多年。

位于陕西省澄城县的刘卓村，是一个有着 2000 余年历史的古朴小村落，因为烟熏火燎而裂了缝的土窑洞以及黝黑发亮的老灶台，构成了一幅刘卓村村民们绵延多年的老式生活景象。据统计，当时刘卓村共有 439 户人家，1569 人，其中，仍有 65 户贫困户，共 206 人未能脱贫。贫困人口占全村人口的近 15%，是国家级贫困县重点扶贫村落。

我们当机立断，火速赶往刘卓村一探究竟，在与村干部交流各方信息后，决定在刘卓村进行拍摄。

选定在刘卓村拍摄的另一原因，在于整个村子的高度配合。在同村民们的沟通中，我们能够看见他们眼中对于改变现状的迫切需求，在节目组与全村百姓的共同合作中，各方献计献策，为《我们在行动》的精准扶贫迅速物色到了具有故事的村民代表。

"刘卓传统手工挂面"源于明末清初，传承至今已有 400 余年。2010 年，"刘卓传统手工挂面"被评为非物质文化遗产，但是盛名之下，留给刘卓村手工挂面的也仅仅是美好的回忆，比起室外的天气更让人心寒的，是传统技艺的日渐式微。由于手工制作耗时耗力，需要匠人每天凌晨三点起床开始操作，且要经过多达十几道工序的打磨，刘卓村里依然坚守制作手工挂面的匠人，就仅剩张鹏翔家一户。这个消息，不由地让人扼腕叹息。

为了一改扶贫原本凝重的气氛，公益大使们到达后，笑言"体验生活"，但对于张鹏翔操作的一招一式，却异常上心，生怕有点滴遗漏。

张鹏翔在分享制面工艺时说，匠人一旦做熟练了，会觉得最难的就是和面环节，再冷的天也得卷起袖子，哪怕手冻到僵硬也一刻不能停下。凌潇肃当即发问，为何不买一个搅拌机？张鹏翔的妻子解释道，机器搅拌时间一长，铁腥味就会沁入面团里，为了最大程度地保证传统口感，每一道工序都须亲手制作。

当晚吃面的时候，凌潇肃发现张鹏翔耳朵里塞着一个并不显眼的助听器，这下我们才了解到，张鹏翔身患一级残疾。随着秘密被道出，张鹏翔打开了心扉，谈到了埋藏多年的一个心结。由于手工挂面的制作过程辛苦且利润微薄，两个孩子已不愿靠着这门手艺维系未来的生活，大儿子去隔壁的合

已有 400 余年历史的手工挂面

阳县工作了，二儿子当了兵，常年不在身边，他思念远走他乡的孩子，也担心祖上的手艺后继无人。

　　谈起至今仍坚持手工制面的原因，张鹏翔表示，这么做是向祖宗尽孝，传下来的手艺不能在自己这一代消失，即使如今他的两个儿子都不再做面，他也必须坚守到底。张鹏翔的妻子在和我们的交谈中，几次潸然泪下。

　　手工挂面对于张鹏翔来说，不仅是一家的收入来源，更是一份家族传承的情感。作坊的每个物件，都是从爷爷手中传下来的"无价之宝"。这些本可淘汰的器具，留存着祖祖辈辈的印记。在这个手工制面的匠人身上，饱含着一种知难而进的精神。

在"名誉村主任"竞选时，孙冕说了一段引人深思的话："我不懂谈生意，只会谈家常。我吃到张鹏翔大哥给我煮的一碗面，就想这碗面假如我的小娃娃来吃那该多好。我不好意思地告诉大家，我的小娃娃今年才三岁八个月，手工面在咱们村里面有 400 年的历史，但现在为什么只有一户人家在做？"

他紧接着用数据告诉了村民们手工挂面的价值："我算了一笔账，这碗面一斤才卖 7 块钱。现在在咱们邻县，他们一斤面卖到多少钱？接近 30 块。我打一个折，咱们一斤面卖 15 块钱，假如有 30 个人来做，一天做 50 斤，一年做 150 天，那么咱们村里面创造的价值就接近 300 万。我就愿意当这个卖大面的人！"话音刚落，掌声雷动。

为了能让这门传统手艺带动全村的发展，我们再一次来到了张鹏翔家，希望由他来牵头开始这一次的产业脱贫项目。一开始，这个建议被张鹏翔的妻子断然拒绝，她直言对于合作生产品质的担忧，不希望百年的声誉毁在不可控的失误上。

这也对节目提出了现实课题。据悉，市面上有各种打着刘卓村旗号的手工挂面，但是很多挂面根本不是手工制成的，产品良莠不齐，价钱各不相同。如何通过《我们在行动》节目告诉广大消费者，传统的手工挂面拥有一个行业标准呢？

易居乐农的产品顾问向大家介绍了一款溯源系统，拿到产品之后扫描产品包装上的二维码就能知道它的整个过程，目前这个系统是免费的。这个设计，解开了盘旋在大家心头的难题。

困难各个击破，疑虑逐一消解。轮到给刘卓村的手工挂面取名了，经过一番激烈的讨论，我们最终决定使用既能还原400年的制作工艺历史，又朗朗上口、和蔼亲切的名字——"爷爷的面"。

《我们在行动》第一场订货会场地定在了刘卓村村民举行大型活动的祠堂。凌潇肃将手工挂面的手艺传承人张鹏翔请到台上，激动万分的张鹏翔慢慢地说道："手工挂面不是我一个人的，而是整个刘卓村的。"朴素的告白，打动了全场的来宾。

在《我们在行动》第一季第十三期特别节目现场，张鹏翔回忆起那天的场景时，情绪有些激动："我这个人很不会说话，只会做事。那天我就想，既然节目组把我叫到台上了，我就把那么多年的真心话都说一说，看到台下刘卓村的孩子们，穿着节目组添置的红色衣服，在我面前看着、笑着，我觉得很触动。平时，孩子们叫我伯伯，我帮不上什么忙，心理特别愧疚。我代表村子里的晚辈们，对到来的各位嘉宾喊一声，叔叔阿姨，你们好。我在村子里辈分最小，从古至今，面在我们家传得最真、最正。我这颗心里想的就是真诚地回报大伙，我能做的很少，只能承诺全心全意做好手工挂面，来带领全村过上好日子。我这辈子的心愿只有两个：一是赡养老母亲，二是让我们村里的人一起快快乐乐地做面，让全村脱贫致富，别的什么也不图。"

张鹏翔告诉我们，常言说人过留名，但是他这辈子不想留名，更不想出名。只想认真干活，既然节目组把他推到了刘卓村手工挂面领头人的平台上，他有义务带动全村的老百姓把这件有意义的事情做好，希望自己能够像火车头一样带动大家。

订货会如火如荼地进行着。首发举牌的乐居订购4000斤的销量着实让

《我们在行动》题字

大家感到振奋，最终，在公益大使们的主持和促销之下，获得了首战 40020 斤的刘卓村手工挂面的销量，订单金额折合人民币近 70 万元。随后，在《我们在行动》正式播出后的短短 10 秒时间里，就有近 30000 人在线同时下单，3 万斤手工面瞬间销售一空，供不应求。

和第三季单站破 3000 万的成绩相比，第一站的 70 万显得微不足道，但对当时的我们而言，却是信心的开始，这是一次巨大的成功。

我们在欢庆的同时，也转向了密切关注品控和供应链的管理，在此基础上，进行手工挂面的集体经济开发和规划。如此一来，不仅解决了贫困户的就业问题，也让刘卓村通过手工挂面项目，拥有了自己的集体经济。历经了 400 年的传统手艺，终于得以更好的传承，为刘卓村的脱贫之路创造了良好的开端。

在刘卓村祠堂中乡亲们为公益大使准备的饯行晚宴上，张鹏翔的两个儿子惊喜现身，面对节目组准备的这份礼物，夫妇俩感动不已。身在邻县的大儿子听闻父母在为刘卓村推广手工挂面，当即请假回家，希望能陪在父母身边，为父亲的挂面事业尽一份自己的力量。

在温馨的家庭团圆中，《我们在行动》见证了一个传统文化传承的萌芽，正在被慢慢地滋养。

不遗余力地推广，并没有因为录制结束戛然而止。在邻县超市、在城市社区，在春节熙熙攘攘的车站，"爷爷的面"都在持续散发它的魅力。

由 SMG 主持人骆新、司文嘉和百克力共同主持的"心系公益，助力乐农——《我们在行动》上海专区"活动如火如荼地进行。当天，我们特别请来了上海瑞金宾馆高级面点师陆春凤，将冷面、海鲜面、意大利面、黄鱼面，还有一款最传统的卤肉面，用"爷爷的面"做了一场"面的盛宴"。

与此同时，在陕西星河湾也有一顿特殊的年夜饭。陕面大师为大家用"爷爷的面"做出上百种风味的地道陕面。

上海和陕西尽管相距很远，却在此刻因为"爷爷的面"结下了情缘，两地共同度过年夜时光，上海、陕西两地的嘉宾们通过实时转播互相致以新春问候。

寒冷的夜晚，却有着最暖心的绽放。

节目播出后，刘卓村村民张锋在接受采访时特别提到，通过这次《我们在行动》的宣传和公益大使的努力，几年前村里已经倒闭的挂面厂又以合作社的形式重新启动了，协调有序且优先让贫困户入场，更多外出务工的村民纷纷回家做起了挂面，村子里人气旺了不少，挂面价格比以前也有所提高。

刘卓村拍摄后的一个月内，已有 40 户贫困户报名参与手工挂面的生产，累计报名的家庭总数达到了近 100 户。

# 老支书与他的红糯米

行动地点：广西龙胜各族自治县乐江乡地灵村

行动时间：2018 年 3 月 8—11 日

公益大使：蔡国庆、乔振宇、朱旭东

俗话说，一方水土养一方人。

土地在中国农民心中占据着无比重要的地位，它是祖祖辈辈耕耘养活自己和家人的重要来源。

当世代依赖的土地馈赠根本无法养活自己的时候，一切便陷入了迷茫和困顿。

广西省桂林市龙胜各族自治县乐江乡地灵村，是一个位于大山深处的古老侗寨。全村平均海拔 500 米以上，既是贫困山村，又是少数民族聚集区域，还是革命老区。全村 21 个村民小组，9 个自然屯，共 771 户，3100人，其中贫困户 161 户，584 人。

当地居民躬耕于梯田，静享于日照。看似一派好山好水好风光。但当我们走近它时，很快就感受到了其内在的无奈与焦灼，甚至是一些伤痕。这些年来，政府为龙胜县地灵村道路修建投入了不少的人力物力，但贫困发生率仍然接近 20%，这到底是什么原因造成的？

经过一番深入走访，我们了解到，当地耕地面积十分有限，村民通过开垦梯田，沿袭着千年以来刀耕火种的传统生产模式，加之长期以来缺乏重工业的发展基础，整个龙胜县的年产值也不够理想。

地灵村的农产品种植业以红糯米为主，其种植历史可追溯至公元 1024 年北宋年间。当地特有的肥沃地质与高寒气候造就了红糯米独一无二的口感和品质，全村 2200 亩地曾经大部分种满了红糯米，红糯米一年只产一季，每亩产量只有 600 斤，所以市场定价略高于普通白糯米，并在 2017 年

红糯米

被评定为国家地理标志性农产品。

86 岁的老支书吴祖崇带着公益大使来到了上寨鼓楼。这里，收藏着一代地灵人的红色回忆。相传 1934 年，彭德怀、杨尚昆率领的红军部队曾来到此地驻扎，老一辈的地灵村村民拿出了红糯米制作的食品给饥肠辘辘的红军充饥。之后，红军出于对地灵村村民的感激之情建此牌楼，村民们世代传诵，以此为荣。

当年，红军来到地灵村的时候，吴祖崇才两岁，听老人们讲述红军驻扎地灵村的那段历史时，总让他为这个广西的小山村感到深深的骄傲。虽然儿时懵懂，但红军的故事让他对地灵红糯的种植染上了无法言喻的红色情结。

听到这里，身为军人的蔡国庆久久地凝视着牌楼，向以吴祖崇为代表的地灵村人敬了一个军礼，他希望这个故事可以讲给更多的人听，尤其是让更多的孩子，知道红军与红糯凝结的军民鱼水情深。

带着一份敬畏之心，我和其他的公益大使在牌楼现场当即决定，必须把这么动人的故事还原生发，让其成为两天后产品订货会上的一个亮点。

农产品衍生的情感线索，能够深度触及传播对象的内心，它也能引起订货会上现场来宾对产品背景形成的共鸣，地灵村得天独厚的红色氛围，这让我无比期待节目的后续效应。

在当地村委的大力配合下，热情的村干部们带着我们深入地灵村进行探访，进一步了解村民与村庄的具体情况，以便节目更好地为当地老百姓出谋划策。

这一了解，简直触目惊心。

因为滞销而卖不出去的红糯米，在不少家庭长年累月地堆积着。对一个农民来讲，千辛万苦之后丰收的农产品卖不出去，就意味着产量再多也无法避免年终的零收入，全家人的生活将穷困潦倒。

而且地灵村缺乏大面积种植农作物的先天地理条件，加上土壤环境愈发贫瘠，红糯米的种植传统受到自然条件的影响，正在加速着它的消亡。

传统种植无法维持家用开支，许多父母不得不放弃了在家种植田地的农活，而选择走出大山另寻工作，导致村子里遍布着空巢老人和留守儿童，这是物质贫瘠之外尤为触动我们的问题。

曾两次担任地灵村党支部书记的吴祖崇老人从担任村支书至今，一直为宣传和推广地灵村的红糯米努力着。

在龙胜地灵红糯米 2017 年被评选为国家地理标志性农产品之前，吴祖崇老人就把它当作宝贝一样对待。向公益大使介绍红糯米的各种微量元素含量时，他俨然变成了一名植物学家，如数家珍。

说到兴头上，老支书突然起身，从背后的柜子中拿出了道光年间的《龙胜厅志》，向我们介绍起了红糯"胭脂米"的名称由来。

相传，康熙在位时，皇帝的爱妃离开南方家乡后，水土不服，寝食难安，面黄肌瘦，就在这时，有人将侗族的红糯米进贡入宫，妃子食用后重拾健康面容，如涂上胭脂一般粉嫩，康熙皇帝大喜，遂题名钦赐"胭脂米"。

在老支书吴祖崇家中，摆放着一张醒目的照片，它是老支书五年前到电视台推广红糯米的场景，但推广的效果并不尽如人意。谈到此处，老支书痛心一千多年传承下来的红糯，到了今天鲜有人问津，他自认愧对祖先用血汗耕耘出来的一寸寸梯田。

为了能够全面地向大家介绍红糯米的历史，老支书近年来坚持书稿创作，把自己所知的信息点滴记录在案。如今，老支书已经书写了近二十页的手稿，在用蓝色圆珠笔写作的手稿上，又用红色笔批注了部分字词，密密麻麻，让人肃然起敬。这些平凡却又让人尊敬的农民，写就了一个积极乐观、要求上进的"人"字。

眼见的一切，激发着我们群策群力改变现状的迫切。

深入调研当地红糯产业现状，并且经历了一番激烈的探讨之后，红糯滞销的破局之道逐渐浮出水面。我和其他公益大使作出判断，城市居民会喜欢地灵红糯的口感，关键问题在于地灵红糯没有形成有效的品牌形象，分散经营的小农经济，失去了区域品牌的建设与引领，很难在市场上与更多的客商对接，大范围的营销更是无从谈起。

为此，我们分别说服了三家当地专业的合作社，联合作业，共同打造地灵红糯米的市场品牌。

一切就绪，订货会按部就班，火热上演。

在红糯飘香中，《红糯魂》《红军情》《希望的种子》三个表演篇章逐一上演。一出舞台剧生动再现了1934年的那个深夜，当饥寒交迫的红军来到地灵村，一双温暖的手扶住了他们，甘甜的蜜汁、香糯的米饭挽救了奄奄一息的战士。地灵人以此为荣，集资修缮了革命鼓楼，军民鱼水情再一次得到了彰显，胭脂红糯米也因此更为绚烂。

最后，三代村支书同台共致欢迎辞。86岁高龄的吴祖崇再一次为推销红糯米疾呼："种子不能丢，吃苦耐劳的精神永远不能丢！"

人杰地灵，胭脂正红。最终"龙胭脂米"设计完成。至此，古老的地灵红糯米有了统一的品牌，以全新的包装走出大山，走向市场。订货会现场，

村民们牵住陈蓉、蔡国庆、乔振宇、朱旭东

10万斤红糯一销而空。接下来，通过扫码下单，城市端的客户会带给地灵红糯更多的销量，来年地灵的梯田，又能重现往日金色稻香的丰收美景。

参加《我们在行动》第一季最后一期在北京的颁奖典礼时，现任地灵村书记吴广崇告诉大家，原本，这里只是广西省极为偏远的一个小山村，然而，一场两地互动的订货会就解决了村里堆积了一整年的红糯米滞销难题，所有贫困户的红糯米都卖空了。现在每家每户红糯米的销售情况都很好，许多在外打工的年轻人重新返乡务农，大家对红糯米种植的未来有了信心，计划着明年继续扩大红糯米的种植面积，整个地灵村一下子有了活力和生机。

# 从繁华都市，到大山深处

行动地点：云南省玉溪市新平县马鹿寨村

行动时间：2018 年 8 月 17—20 日

公益大使：钟汉良、胡静、钱东奇、钱程

"20 世纪 60 年代末，我才十几岁，就从北京到中国陕西省延安市一个叫梁家河的小村庄插队当农民，在那儿度过了 7 年时光。那时候，我和乡亲们都住在土窑里、睡在土炕上，乡亲们生活十分贫困，经常是几个月吃不到一块肉。后来，我当了这个村子的党支部书记，带领乡亲们发展生产。我了解老百姓需要什么。我很期盼的一件事，就是让乡亲们饱餐一顿肉，并且经常吃上肉。"

2015 年 9 月 22 日，在华盛顿州当地政府和美国友好团体联合欢迎宴会上，习近平向世界讲述了他的故事。

当年，在陕北老乡身上，他看到了人民群众的力量，看到了人民群众的根本，真正理解了老百姓，了解了社会。他的初心从这里生根发芽，"以至于到现在，每时每刻影响着我"。

针对乡村振兴，习近平总书记强调"要推动乡村人才振兴，把人力资本开发放在首要位置，强化乡村振兴人才支撑"。

他说，要让愿意留在乡村、建设家乡的人留得安心，让愿意上山下乡、回报乡村的人更有信心，激励各类人才在农村广阔天地大施所能、大展才华、大显身手，打造一支强大的乡村振兴人才队伍，在乡村形成人才、土地、资金、产业汇聚的良性循环。

国务院扶贫办主任刘永富也指出，要巩固成果，防止返贫，培育贫困村的创业致富带头人、领路人，继续带领已经脱贫的和没有脱贫的群众发展生产、增加收入。

透过《我们在行动》的镜头，不仅让观众看见节目是如何身体力行发现大山深处的瑰宝，如何为了"希望的田野"不遗余力奔走与付出，也用赤子之情发现了更多岁月砥砺下的初心：那些默默无闻奋战在扶贫一线的坚守者，以及更多加入脱贫攻坚任务的生力军，正在吹响建设美好乡村的"集结号"。

在云南新平县马鹿寨村，村主任方顺云就是无数坚守者的有力缩影。

"80后"方顺云和许多心怀梦想的年轻人一样，曾在上海这样的大城市打拼了五六年，日子虽然辛苦，但是收入不错，2013年的时候，平均一个月可以赚5000多元。

有一天，家里给他打电话，你是为数不多的念过高中的年轻人，你回来竞选村主任吧！我们中国人常说，父母在，不远游。为了照顾家人，为了不辜负家乡父老的信任和期待，他选择回到了家乡，并被推选为村里的副主任。

山地种满果树

　　在当了三年的副主任之后，村民们又推选方顺云为村主任。这些年，为了带领乡亲脱贫致富，方顺云付出了诸多努力。

　　政府推进沃柑产业扶贫，让他看到了马鹿寨村的出路，"如果和企业合作，那么首先我们村民可以得到一笔资金，企业进来还可以提供岗位"。虽然给村民做通思想工作困难重重，方顺云没有放弃，"我就感觉我的路子是正确的"。

　　我们的到来，让方顺云喜出望外。

　　因为他知道，公益大使们的号召力和影响力，能够比村干部更好地劝说村民看清现实，进而投身到脱贫致富的沃柑生产工作中去。

马鹿寨村是一个彝族村落，村里有近 700 人为彝族山苏支系，属于极少数民族。从昆明到马鹿寨村，一共需要将近 5 个小时的车程。表面看来，地理位置偏远、劳动力不足，再加上平日仅依靠种植玉米和甘蔗作为主要经济来源，是马鹿寨村长期处于贫困的原因。

我们深入考察后发现，全村下辖 8 个村民小组，10 个自然村，全村 282 户，1023 人。2014 年引入高原经济柑橘产业后，全村 176 户受益，至今仅剩 11 家贫困户。造成 11 家贫困户尚未脱贫的真正原因，是他们依然习惯于传统的劳作和生活方式，不能及时接受现代化生产方式的管理，这也是村委想方设法去解决的针对性问题。

当地以甘蔗为主的经济作物利润较薄，大部分村民年均家庭收入为 6000 元左右。在果业公司进行土地流转后，承包了村民们的土地并聘请村民亲自管理，按照劳动所获分红，发放工资，每年人均收入可达 48000 元左右。

方顺云主动将自己的思路、困惑与我们进行了深入的交流，而且还提出了先进的企业化管理模式。公益大使胡静对他十分钦佩，"回到这个地方的时候，他就帮乡亲父老们去脱贫。在他身上，能看到他是想去拼搏，想去奋斗，想去改变命运的"。

拍摄当日，公益大使一到现场，方顺云就马不停蹄带着我们实地参观了起来。

村民方元帅家，本应是一个幸福的五口之家，但突如其来的胃癌让方元帅的妈妈不得不手术之后辞工在家。如今，一家人依靠仅有的几亩地所带来的收益维持艰苦的生活，看着身边四个月大的孩子小土豆，方元帅一筹莫展。

我很不解地问方元帅，为什么不去沃柑基地工作呢？难道不希望自己的下一代走出大山，创造更好的生活吗？如果没有好的收入，如何给到他们未来更好的教育？

方元帅告诉我，如果去沃柑基地打工，那家里的地就都荒了，而且，在那里工作太寂寞，虽然说是多劳多得，万一种了卖不出去呢？

我终于知道了他到底在担忧什么，于是继续告诉他："不用担心土地荒芜，正好可以拿来作为土地流转所用，还会获得一部分收益。农户自己种植沃柑，的确可能遇到卖不出去的困境，但企业经营与个体不同，不要为沃柑卖不出去而发愁，这次东方卫视来到马鹿寨村就是组织各位公益大使将沃柑推广到全国。"

公益大使钟汉良也对他百般劝说，方元帅还是没有表露出有所动摇的态度。

坐在身旁的方顺云主任乘胜追击地打开了话匣："如果你去沃柑基地工作，还有一个最大的好处就是基地离家不远，可以随时回来照顾家人。年轻人一定要转变固有的思想观念，敢于积极地尝试新鲜事物。"

经过一番热烈的交谈，小方终于开口："那也可以。"

简单的几个字，换来了现场的一片掌声。那天，方顺云非常高兴，他说，外来的力量是巨大的，这大概是他苦口婆心了无数次都无法达成的效果。

谈起村里的产业经营情况，方顺云告诉我："马鹿寨村的沃柑种植园已经以土地流转的方式承包给了外来企业，沃柑园交给企业种植、管理和销售。当地的农户可以向企业收取土地流转资金，但截至目前，马鹿寨村的大部分村民还不愿意将自己的土地投入到流转政策中来。在他们看来，也许这些流转给企业的沃柑园所带来的经济收益，并不全部为当地村民所有，加上沃柑产业一时间不能完全改变他们的贫困情况，村民更愿意保持现状在家务农，种植低附加值的玉米和甘蔗。"

所谓众人拾柴火焰高，经过一整站的实地体验、说服、动员，《我们在行动》为马路寨村确立了"阿哒的柑"品牌，并由钟汉良手绘了以沃柑为原型的 Q 版插画。在村头订货会上，助农团队一举卖出 165 吨沃柑，销售额达到 520 万。节目播出之后，马鹿寨村的沃柑又销售近 21000 箱。

在节目的努力下，沃柑的销售渠道已经打通，沃柑品牌的宣传力度也已到位。但一切并非完美无瑕，在这个沃柑市场需求最大的时刻，却因为水资源严重不足而无法大面积种植沃柑，影响到了马鹿寨村产业链的进一步延续。

为解决这一难题，马鹿寨村立即着手新一期的园区开发，面积大约有1300 多亩地。同时，政府部门计划投资 1500 万元款项用于建设相关水利设施，并会临时通过部分村户的家用抽水机帮助沃柑基地供水，满足沃柑种植的需求。

听到这个好消息，村民们重燃了脱贫致富的希望，之前已经获得沃柑种植收益的村民也带动起了更多村民将土地转出来。大家都很期待这期水利设施工程建设能够早些完成，马鹿寨村就能开始第二期沃柑园的种植了。

谈到过去村里的贫困状况，方顺云长长地叹了一口气："在贫困程度较

嘉宾钟汉良制作沃柑果酱

深、贫困范围较广的马鹿寨村，想要完成党中央交付的精准扶贫重要使命，需要我们付出更多的努力。这些年，政府看到了问题的核心，村里严重缺水，于是加大了政策扶持的力度和资金的投入，马鹿寨村基地设施、水利设施、交通设施等配套设施建设让我们对早日脱贫有了更大的信心。但扶贫工作中最难的一环，就是帮助贫困户提高脱贫致富的认识，让村民养成积极地管理和运营自己生活的习惯，让他们有事可做，有钱可赚。"

村主任的一番话，让我们更加意识到，想要通过节目录制的短短几天彻底改变村民的认知，的确是一个艰巨的任务。村民需要更多的时间去了解沃柑基地的管理方法和工作模式。我们能做的，就是动员大家改变固有的观念，在未来愿意把沃柑种植当做自己的一份事业去做。

感激于节目组给村里带来的改变，方顺云说："我不太了解电视节目的拍摄过程，但在参与《我们在行动》节目录制时，我非常珍惜与公益大使们相处的每一天，时间确实太短暂了，感谢大家给马鹿寨村带来的美好。"

在他的身上，我们看到了扶贫攻坚正在以"撸起袖子加油干"的精气神儿，在乡村如火如荼迸发改变的力量。一如网友所说，正是因为这些平凡而又不凡的人们的努力，才有了全国各地扶贫行动的欣欣向荣。

天下大事必作于细，涓涓细流终汇成海。

恰逢其时的《我们在行动》，不断掀起着一场场雷霆万钧的扶贫攻坚全民行动。我们热切期盼着跟随节目的脚步，会有更多的加入者和躬行者，共同打响关键之年的年度战役。

# 一场两地直播连线的订货会

行动地点：贵州省遵义市务川仡佬族苗族自治县官学村

行动时间：2018 年 3 月 12—18 日

公益大使：邹市明、冉莹颖、叶祖新、汤晶媚、郁瑞芬

《我们在行动》第一季的第四站，来到贵州省遵义市务川仡佬族苗族自治县官学村，这是一个素有仡佬文化发源地之称的古老村落。

全村共有 1616 户 6449 人，其中精准识别建档立卡贫困户 410 户 1725 人，贫困人口占总人口的 28%。截至 2017 年底，村内仍有 146 户 542 人未能脱贫。

遵义，是上海对口帮扶和支援的城市。以东方卫视为播出平台的公益节目，能和上海对口帮扶地区进行深度衔接，无疑能达到更好的扶贫效果。

这一站，在上海市合作交流办的指导下，《我们在行动》助农团队再次出发。上海援黔干部务川县扶贫办副主任张匀携同官学村村委会主任申永勤、村总支书记邓贵东，一同迎接了我们的到来。

节目录制以来，我第一次见到了上海籍干部，亲切感倍增，忍不住用上

海话开了头。听到一句"侬好",张匀的脸上露出了笑容。

2018 年,务川县面临着脱贫摘帽的重要任务,所以,带领村民找到脱贫致富的产业是重中之重。张匀告诉我们,官学村的土蜂蜜特别好,但是之前在经营上缺乏组织性,他很庆幸《我们在行动》节目能够对接联系到这里,给村民带来了更多的希望和信心,也能让村民在配合基层干部扶贫工作时变被动状态为主动状态。

通过实际的调研和走访,我们决定在这一站的订货会上推荐两个产品,一款是蜂蜜,一款是灰豆腐果。一个具有地

美丽的山间风光

域性、一个具有时间性的两款优势产品的同步推荐，可以为当地的脱贫致富带来更多的可能。

可能电视机前的观众以为，公益大使们选择产品是没有根据的随意点兵，事实上，我们事先所做的工作远比观众看到的更多。例如第一季节目中，之前几站推介产品，都是经过易居乐农在营销上论证过的、得到乐农认可的推荐产品，绝大部分在当地已经做好了相应的对接服务，也得到了政府部门的大力支持和配合。由上海市合作交流办对接的贵州站，自然更应该体现上海力量。

因为上海奉贤区对口贵州务川县扶贫，我们试图实现订货会的双向传送，分别在两地同时举行。

尽管这个想法很有创意，但我说这段话的时候，距离订货会仅剩十几个小时，大家担心时间上有困难，赶不及活动的开展。一番商量之后，我先发了微信给上海市合作交流办和奉贤区的相关部门。

此时的务川县，已经渐入黄昏。我当即决定连夜驱车 4 个多小时赶往重庆，并安排相应的人员准备一些当地产品带回到上海，给上海的各位订货商品尝，让更多的人能够体验到官学村的特色产品。

接着，我又马不停蹄赶第二天最早的一班飞机，从重庆飞往上海，落实两地对接的相关事宜。那时，我特别希望尽快把订单量提升上去，希望遵义的下单带动上海的下单，上海的下单再反过来促进遵义的下单，双方能起到情绪上的互相激励作用。

在两地的精诚合作下，看似困难重重的一切，迎刃而解。

公益大使们在务川县官学村干得热火朝天，上海市合作交流办和奉贤区的相关部门也迅速完成了订货商的联络。而比我早到达一天的拍摄团队，也完成了场地布置。当我风尘仆仆到达上海分会场的时候，看着工作人员在不到 10 个小时的时间里连夜赶工的搭台，内心除了感动，还有骄傲。

在务川，客商们早早地到达了现场，围着八仙桌品尝着官学村的特色产品三幺台，务川仡佬族的文艺节目舞蹈是最先的暖场节目，让来宾留下了震撼又有特色的印象。另一端的上海奉贤大屏幕里传来了官学村的载歌载舞，我在上海分会场给各位客商介绍着务川县与上海奉贤区对口帮扶的协作关系。

过去这些年，奉贤区已经开展了许多与务川县联动的活动，比如千人联千户、百企联百村、结对十行业等。正当官学村的客商们体验着三幺台的时候，上海分会场的客商们也在品尝着公益大使从遥远的官学村带回来的灰豆腐果。

这场两地直播连线的订货会，吸引了几十家企业踊跃参与，最终在短短两个小时内，总销售额突破 200 万元。

上海分会场也给务川自治县扶贫办副主任张匀准备了一份惊喜，邀请了张匀的妻子和孩子通过现场连线进行了互动。

作为上海扶贫干部的一分子，张匀来贵州快两年的时间里，平时没法回家，只能在春节假期中短暂地与家人团聚片刻。

一声"爸爸"，让张匀眼眶瞬间湿润起来。孩子说，平时想爸爸的时候，会用哭的方式来表达，但又害怕被同学们看到笑话他，所以在学校里他通常只能低头偷偷地哭。

我问张匀，这两年在贵州工作的最大困难是什么？张匀回复了两个字——"孤独",这是一句出自丈夫和父亲身份的七尺男儿内心的独白。工作中上再多的困难,他都可以克服,但远离家庭的思乡之心,却让他不敢直视屏幕上的妻儿。

实话实说,当我听到一个大男人对我说"孤独"的时候,我真的很心酸。他希望靠自己的力量来帮助务川县所有贫困村民们,能够早日脱贫,他值得更多的掌声。

由于援外工作的时间通常为三年,所以张匀倍加珍惜剩下不到一年的援黔工作。

谈及作为上海援黔的扶贫干部到大山深处开展工作的具体感受时,张匀认真表示:"通过在遵义的两年工作经验,我感觉每个地方都有自身的特殊性。来到了当地,就需要我们扶贫工作者沉下心来,切切实实地融入当地工作与生活,放低自己的姿态,开放自己的心态,努力去达到两地的合作共赢目标。"

在这场精准扶贫的国家战役中,上海肩负着对口7省(区、市)与20个市(地、州)的艰巨任务。数据显示,仅从2014年到2017年,上海市就投入专项财政资金超过109亿元,实施项目2300余个,惠及60余万各族群众,为对口地区选派各类干部人才1500多人次,培训基层干部及教师、医生、农业技术人员、致富带头人4.5万人次。

这个国际化大都市最为核心的优势,正是在服务全国大局、落实国家战略中形成的,对标"卓越"的城市品牌——上海始终在追问自己:能否以己之"长",服务全国之"进"?

不仅在贵州,在云南、在新疆、在海南……《我们在行动》从策划到推进，再到后续的对接落地，都得到了上海市从政府、从企业，到民众的大力支持，一股强大的"上海力量"，贯穿着节目始终。

2018 年中秋节前夕，7500 只高原"诺玛飞鸡"由云南红河州金平县通过冷链物流运抵上海，再加上冰袋和月饼组成"中秋爱心扶贫礼包"，配送到了全市 7500 户家庭。借助"产销对接、精准扶贫"，云南"飞鸡"批量入沪，惠及当地 1 万多户建档立卡贫困户。

这一喜人的成果，正是《我们在行动》和上海蔬菜（集团）有限公司共同促成的。

在云南站产品发布会现场，"金平·诺玛飞鸡"正式揭牌，我们当场收到上海蔬菜（集团）有限公司的 300 万订单。彼时，看到广阔的销售市场，村民们终于不再担心"飞鸡"销路了，贫困妇女们的劳动和付出也有了回报。

去年 8 月中旬，上海蔬菜（集团）有限公司党委书记、董事长、总经理吴梦秋专门带领 6 人帮扶小组，去往金平的山间地头了解情况，并与当地合作社签订了产销扶贫长期战略合作协议。而这，也是 2018 年上海长宁区对口帮扶金平的其中一个项目。

在"诺玛飞鸡"通过上海蔬菜集团飞向上海市民的餐桌之前，《我们在行动》前期已经完成了集中屠宰、冷链配送，包括标准建立等一系列关键工作。2018 年 9 月 1 日、9 月 8 日云南站内容播出，半个月后，诺玛飞鸡就飞入了上海的千家万户，而且还供不应求。

巴楚留香瓜本是巴楚县的一种土瓜，名叫"库克拜热"，以前从未走出过南疆。经过数批上海援疆干部的精心策划和包装，改名为"巴楚留香瓜"，因为吃过之后唇齿留香，带着一股香草冰激凌的味道。

巴楚是上海静安区对口扶贫对象，《我们在行动》走进巴楚，进一步为"巴楚留香瓜"打响了名气。公益大使袁岳感慨："驻村干部与援疆干部，以前都听说，但是没有具体概念。这次在巴楚县与我们上海静安区援疆干部，琼乡4村、25村等村的喀什林业局驻村干部接触，他们对于村民脱贫的事情是真上心……听他们讲留香瓜的生意经与农业经，说他们对于留香瓜进行的一些探索与未来构想，非常钦佩他们的决心和毅力。"

背靠上海这座使命光荣的城市，《我们在行动》打造了一个以电视连接全渠道、从上海辐射全中国的扶贫范本。

上海市合作交流办的同志对我们的工作表示了感谢，他们说："《我们在行动》是一档十分具有时代意义的节目。它体现了主流媒体的责任担当，拓展了精准扶贫的路子，还给我们在一线的扶贫工作带来了一些推进，激发了脱贫当地的信心和热情。在这个过程中，既反映了贫困群众个性化的需求，也展示了上海援外干部的艰辛和付出，有高度、有温度、有深度，正能量满满。"

# 残缺的全家福

行动地点：河北省承德市丰宁满族自治县五道营乡十七道沟村

行动时间：2018 年 3 月 30 日—4 月 2 日

公益大使：王宝强、潘石屹、郭碧婷

来自民政部的一则数据：截至 2018 年 8 月底，全国共有农村留守儿童 697 万人，与 2016 年首次农村留守儿童摸底排查的数据 902 万人相比，下降 22.7%。

2018 年初，民政部建立实施留守老年人关爱服务制度纳入对各地民政工作评估考核范围，推动各地以经济困难和高龄、失能留守老年人为重点，进一步健全关爱服务网络，强化关爱服务措施，普遍开展关爱服务，确保到 2020 年所有的农村贫困留守老年人全部脱贫，逐步让所有老年人都能够经济上得到供养、生活上得到照料、精神上得到慰藉，都能够安享幸福晚年。

经历了与贫困村民同吃同住的日子，《我们在行动》整个节目组切身感受到了贫困给中国社会带来的创痛。因贫困出现的留守儿童和空巢老人，以及因贫困导致的家庭解体，带给了每个人强烈的情感冲击。

一路所见、所闻、所感，每每让我们泪如雨下，却又在心头生出更强的动力——最后的"硬骨头"再难啃，也义不容辞，责任在肩。

在十七道沟村，节目组原计划在"跑山黑猪"订货会前安排一个象征凝聚、团圆的"全家福"照片展示环节。令人没想到的是，手头可取的素材，尽是一张张残缺的全家福。

此前踩点时，在我们走访的几个村子里，几乎见不到年轻人的身影，甚至也见不到孩子的身影，除学龄中的孩子都在学校，学龄前的孩子都被父母带出了山村，前往城市讨生活。贫困户家多为老年人，多数平均年龄为60至70岁左右，他们大多是丧失劳动力的老人，加之现在这个季节还比较寒冷，村民基本都在家里过冬，整个村子看起来没有一丝活力，仿佛是一条条沉睡中的纵横"沟壑"。

十七道沟村是一个地处塞北的满族聚居村庄，气候干旱，风多凛冽。全村总面积约为50平方公里，辖12个自然村，总共有500户村民，1224口人，其中贫困户101户，贫困人口235人，占总人口的16.2%。

和其他地处偏远、交通不便的贫困地区相比，十七道沟村距离首都北京非常之近，明明占据了地理位置的优势，为何还会如此贫困？但随着深入了解，我们明白了，当地经济不振，再加交通便利，反而加速了青壮年劳动力的流失。

担任本站名誉村主任的潘石屹，利用自己的特长和爱好，肩负起了整个团队的摄影任务，他本想通过拍摄全家福为村民们留下一个美好的纪念，可每到一户人家，便会听到一个让人辛酸的离别故事。

贫困户袁希春家，目前孙子在外读书，儿女们都不在身边，只拍到留守

陈蓉与名誉村主任潘石屹商量对策

在家的老人；村民史宝申原本是一户幸福的六口之家，近年来儿女在外打工，已许久未曾回家团聚了；贫困户顾凤兰一家七个儿女都在外工作……

相较于已经搬进楼房的村民，现在依旧居住在山区的赵宗武、邵淑荣一家的生活状况，已经贫困到让人不忍直视。他们坚持不搬家的原因在于：一来，家中的四间房按照面积核算置换不足，他们又拿不出钱来补贴；二来，也是另一个更重要的原因，他们一直在等待久未归家的儿子。

八年前，他们唯一的儿子在离婚后外出务工，至今杳无音信。76岁的赵宗武身患脑梗多年，说话口齿不清，独自行动不便。70岁的奶奶邵淑荣患有严重的阑尾炎，但因支付不起医药费，一直没动手术。在这个家中，唯一的孙子赵宏伟是二老最大的慰藉，小宏伟一眼就认出了公益大使王宝强，还热忱地邀请宝强到自己家中做客。说来，也多亏了家里东屋柜子上的那台26英寸液晶电视，这是家里唯一一件像样的家具，是几年前在扶贫助困时村里发来的。

无意间，王宝强发现小宏伟穿着一双绣花鞋。到家询问后才得知，赵宏伟平日上学要赶去邻乡，来回奔波鞋子磨损得很快，为了减缓损耗，家中唯一的一双运动鞋现在只留在上学的时候才被当作宝贝一样穿上脚，平时在家小宏伟就穿着奶奶的布鞋。

二老家中有二亩耕地，但当地昼夜温差大，加上严重缺水，所有作物的亩产量非常小，西屋炕上堆放的几袋玉米是家里唯一的产出，用来兑换面粉和大米。

我和王宝强将这一家庭的情况转述汇报给其他公益大使的当天，潘石屹就在网上发布了助农日记，利用新媒体平台，全力为两位老人寻找自己的家人。

"我在河北十七道沟村，见到了一户人家，本来约好要给他们照个全家福，但是小孙子上学去了，只剩下这两位老人。老头得了血栓，身体很差，眼睛也看不清了。我听大娘讲，她的儿子和儿媳妇离婚后，儿媳妇嫁到了山东，就再也没有回来过。后来儿子也离家出走了，已经好几年没有回来，每次拨打他留的电话号码，都说是空号，他们很想念儿子。于是，我答应他们，要为他们发条微博。如果两位老人的儿子能看到这条微博，这是你父母想对你要说的话：'不管你在外面赚不赚钱，成功不成功，无论如何，回家看看吧，我们很孤独，孩子也很想念你。'"

14 岁的赵宏伟作为家里唯一的希望，在爷爷奶奶无微不至的关照下较为积极乐观，他立志好好念书，早日成才，早日挑起照顾爷爷奶奶的重担。

从隐忍坚强的小宏伟身上，王宝强看到了儿时的自己。在他的安慰和鼓励下，小宏伟也终于面对镜头大声喊出了隐藏多年的思念："爸爸我想你了，你快回家吧。"

这一声，是来自大山积攒了多少年的愿望啊。

一张张残缺的全家福，道出的是在当代城市化进程中的另一种无奈。《我们在行动》由衷希望，让现今一个个不完整的家庭在农村合作社这个大家庭中得以"完善"，用一双双勤劳的手分担在外务工儿女的负累，我们更加憧憬和相信——十七道沟村的全家福，终会再一次完整起来。

节目到来之前，跑山黑猪外销最远的地方也只是丰宁县城。节目到来之后，一个极具故土情怀的"跑山黑猪旅游文化节"，使得跑山黑猪肉销售额立竿见影地达到了 220 万，《我们在行动》还在北京和石家庄同时举行的"丰宁农特产品中国行"活动，向广大市民朋友们不遗余力地推销黑猪农产品；与此同时，"丰宁农特产品中国行"也在云菜园内如火如荼进行，并被带到了云菜园旗下超过 60 家终端门店进行推广销售，山区"宝贝"正在走向全国。

订货会现场，村支书宣布十七道沟村牵头组建村民合作社，让村民土地

郭碧婷与王宝强耐心给小猪仔喂食

流转加入养猪带头人孙喜国的黑猪养殖场。

中国扶贫志愿服务促进会副会长王家华也前来为大家加油鼓劲，希望村民合作社和县里相关部门取得联系，建档立卡的贫困户每户有 5 万元三年免抵押、免担保、免利息的贷款，把资金用好加持扶贫项目，使得有资金，有技术，有品牌，有人脉，做到最终有市场。

孙喜国告诉我们："节目播出后，黑猪养殖场迎来了不少主动上门的客户，他们不光看重这里优质的黑猪，更看重十七道沟村毗邻北京的地理优势，随着这里对山林逐年来的保护，当地空气质量不断提升，如今的十七道沟村正吸引着更多游客的来访。"

从回访中我们了解到，十七道沟村的黑猪养殖产业已经形成了相当的规模优势，并新投资建设了肉牛养殖场和育肥羊养殖。村里建起了党员产业示范基地，投资建设了80个蔬菜大棚，种植有机蔬菜，吸收周边城市的中高收入消费者为会员，为其直供生产的有机蔬菜。村民们励志把十七道沟村打造成为一个集高效现代农业、休闲旅游、田园社区于一体的田园综合体。

目前，十七道沟村仍在想尽方式帮助更多贫困户加入产业脱贫的队伍中，因人而异，因户施策，保证贫困户在脱贫时光彩脱贫，体面脱贫。

犹记我们在和十七道沟村的村民告别时，王宝强专程赶回赵宏伟家，为他买来一双全新的运动鞋，并亲自给小宏伟系上鞋带。王宝强还默默留下了赵宏伟一家的联系方式，准备定期送去帮助，陪伴小宏伟继续成长。

在第一季的收官特别节目，两位老人告诉我们一个意外的喜讯：节目播出后，儿子联系上了，"等着过年就回来了"。

受此情此景触动的，还有村里的赵海龙和武永丽夫妇。他们说，在外长期打工，其实一直也很担心父母的身体，"现在在外面打工也赚不了多少钱，如果老家的黑猪产业可以赚钱的话，我们也非常愿意回到十七道沟村"。

在时代的洪流之下，空心化严重的村落应该消失，还是应该存在？《我们在行动》没有去刻意寻求一个答案。我们觉得，既不应该渲染乡土没落的悲情，也不应该鼓吹田园牧歌的遐想，如何为那些有产业、有希望、有未来的地方注入更多的强劲动力，才是我们努力的方向。

我始终相信，在"就业扶贫"的大力实施和稳步推进下，终有一天，大家会安心地回归家乡，因为那里不仅可以安放事业的梦想，还有无法割舍的家与爱。

# 高原上绽放的格桑花

行动地点：青海省海南藏族自治州贵德县常牧镇达尕羊村

行动时间：2018 年 4 月 21—24 日

公益大使：郭晓东、任贤齐、孙坚、阿佳组合

在青海高原上，有一种美丽的小花，叫格桑花。它美丽而不娇艳，柔弱却又顽强。藏族同胞将其视为爱与吉祥的象征，传说，只要找到格桑花，就找到了幸福。

《我们在行动》扶贫行动的其中一站，来到位于青海省东部的海南藏族自治州贵德县常牧镇达尕羊村。这是个素有"高原小江南"之称的地方，山势绵延，黄色荒凉，平均海拔达到 2200 米以上，全村几乎都是藏族群众，均以饲养牦牛和藏系羊为生。需要精准扶贫的对象是 90 户 343 人，占全村人口的 37%。

在这里，我们遇到了一位格桑花般美好的姑娘——主管精准扶贫工作的常牧镇副镇长卓果吉，她还有一个亲切名字"果果"。

初遇之时，只见她瘦小的身子穿着一身红色的藏服，高原上的大风吹乱

清澈的湖水

了她的秀发。我们一度觉得，如此柔弱的女子，在当地粗犷而凛冽的自然环境中显得有些格格不入。

虽然这不是《我们在行动》第一次出现在少数民族地区拍摄，但语言障碍、气候差异还是让团队遭遇了巨大的挑战。

初来乍到，当常牧镇驻村第一书记席旦正多杰、达尕羊村村委会主任孙泰佳和我们热情讲解时，大家一脸茫然，完全听不懂啊。卓果吉一脸微笑，立刻上前宽慰道，因为当地是纯牧民村，所以村民基本都说藏语，考虑到未来几天会遇到的交流困难，她会全程陪同、担当翻译。

本站录制结束后，果果回忆起当时见面的情景，仍然意犹未尽。她告诉我，当自己接到通知时，全然不知是东方卫视节目组的入驻，更没想到需要拍摄如此长时间的扶贫助农节目，她一度以为是国务院扶贫办的团队前来踩点，直到第一次见到了公益大使，发现站在自己面前的竟是如此庞大的一支扶贫队伍，才真正意识到这次扶贫节目的拍摄，可能会给村子带来什么，"我们既感到惊讶，又感到惊喜"。

我们团队里的每一个人同样对这位作风扎实的年轻女干部印象深刻。当我向她提出诸如当地面积、人口、支柱产业、年均收入、贫困率等一系列具体问题时，她的回答无一疏漏，对当地情况了如指掌。

村干部们对果果的工作评价也是赞不绝口。虽与大家共事才两年多，但果果作为一名主管扶贫的副镇长，身上有一种藏族女孩的坚韧和执着。

果果是西北大学的毕业生。作为一名现代职业女性，她的家中一样有老人需要照顾，三年前也有了自己的孩子，面对家庭的责任，以及眼前常牧镇百姓脱贫的紧迫需要，她放弃了到省城工作的大好机会，义无反顾地驻扎在一个深度贫困的乡镇工作。

常牧镇拥有整个贵德县贫困人口的一半，来常牧镇工作的两年间，村民们几乎人人都认识她，她也清楚地了解了每家每户。当果果走在街上时，村民都会向她诉说各种新的需求，她觉得自己时时刻刻都处于工作状态，也只有这样，才能做好精准扶贫的工作。

年仅三十岁的果果，头上已经出现了与年龄不符的白发。她说，在基层工作，面对的不是整齐划一的整体，而是千差万别的个体。有的村民观念比较保守，不善于接受一些先进的思想，村干部就有责任不断地与他们沟通，做好思想工作。基层工作多的是烦琐和困难，但精准扶贫中的每一名基层干部都一直在克服这些困难，坚持不懈地耕耘着。

一个柔弱的女子在扶贫工作中却拥有着如此坚定的信念，她逐渐赢得了村民们的信任，也让我们对她产生了由衷的敬意。面对这么一个比我小很多的年轻女性，从她身上，我感受到了强烈的家乡情，大学毕业后放弃大城市工作的机会，回到家乡踏踏实实地搞建设。说起来容易，长年累月地扶贫着实不易，这股年轻的力量，是达尕羊村真正的希望。

在高原的第一夜，热情好客的村民们，为远道而来的公益大使精心准备了一场极具当地特色的篝火晚会。

其乐融融的篝火晚会上，果果给大家绘声绘色地讲述了一个关于牦牛的传说。

当第一缕阳光照到冈仁波齐时，这座神山熠熠发光，随后便诞生了高原上的第一头牦牛。传说时间久了，村民们有了一种共同的说法，牦牛的牛头变成了高原的山脉，牦牛身上的皮毛变成了整个草原，牦牛身上的血液变成了高原的江河湖海，世世代代哺育着藏族儿女，它是人们的衣食父母，这是藏族百姓对牦牛的特殊情怀。

围着篝火的我们瞬间明白了，牦牛对于藏民而言，不仅仅是精神的象征，更是生命中不可或缺的伙伴。游牧民族的生活是走到哪里，住到哪里，他们的生活永远都和牦牛息息相关，牦牛是藏族的高原之魂，见证着这里的过去、现在，还会有未来。

通过深入考察和反复考证，《我们在行动》青海站最终决定以牦牛为扶贫抓手，助当地一臂之力。可是，对于牧民而言，牦牛放在家里是自己的财产，他们既不会主动想着走产业化发展的道路，又对更加高效的谷饲圈养养殖方式心有抵触，因为牦牛被他们珍视为上天赐予的礼物，所以在饲养的时

任贤齐体验骑摩托车放牧牦牛

候，他们坚持要让牦牛在广阔的大自然中自由地成长。

《我们在行动》来到当地拍摄，肩负的重要任务便是逐步改变牧民的想法，让他们对产业化的经营和规范化的养殖形成正确的观念，想方设法让他们鼓足勇气、下定决心、坚定意志与大山以外的城市社区接轨。

当我们探讨关于牦牛的养殖方式时，果果介绍道，圈养谷饲和天然草饲的两种牦牛在市场上均有肉质产品的销售，刚好她认识这方面的专家，可以向他进一步请教。说罢，果果现场连线了青海大学畜牧医学院的刘院长，基于专家给出的专业解答，我们决定以草饲加谷饲的混合饲养方式，来优化目前的牦牛产业饲养结构，并以此作为当地的产业扶贫方案。

果果这样评价节目组在达尕羊村的扶贫工作："整个团队都非常敬业，工作了一天的他们经常到夜里 12 点以后，外联人员还在与我联系。每个晚上，他们都会为了安排第二天的行程，开会到凌晨 1 点多，确保第二天上百号人的拍摄工作分工明确，有条不紊。不仅如此，对我们的村干部需要具体干什么工作也交代得很清楚，节目组的执行能力，是我们行政人员在工作中需要学习的，事事讲究效率当先。"

谈到几位公益大使，果果露出几分幽默气质："在节目组到来之前，我总觉得明星们高高在上，不可亲近。所以一开始我还有些紧张，毕竟从来没有面对过镜头，不知道手该怎么放，腿该怎么摆。当我发现各位公益大使都像在生活中一样后，就把我们这些村干部和村民们带动了起来，一切变得很生活化。以至于到了分别的时候，都忘了问他们要个签名。"

克服重重困难，我们为达尕羊村打造了全新品牌"九牛一牦"，并且精心策划了一场"雅克文化节"，来自全国各地的客商一共拍下了 435 万元的牦牛肉。

果果对着镜头讲道："也许 400 多万的订单在城市不算什么，但对于一个纯牧业村来说，就能把一个产业扶持起来，也能直接带动起贫困户脱贫的信心，这是一针强心剂！"

作为一名扶贫干部，果果平日里工作地点在牧区，家在县城，两地之间路途遥远，这让她没法天天回家陪伴 3 岁的儿子。录制那一次，她已经 20 多天没见过孩子了。为了给她一个惊喜，我们悄悄地把果果的儿子接到了录制现场。

当任贤齐抱着孩子走上舞台的时候，果果的眼泪一下子流了下来。

他们不怕苦、不怕累，就怕辜负了责任和期待。他们在贫瘠的土地上，不畏严酷，绚烂绽放，随风摇曳，暗香迷人，活成了"幸福使者"的模样。

# 女性能顶半边天

**行动地点：** 云南省红河州金平苗族瑶族傣族自治县黄家寨村

**行动时间：** 2018 年 8 月 17—21 日

**公益大使：** 蔡国庆、霍尊、李维真、田原

红河州金平苗族瑶族傣族自治县是一个集边疆、山区、低纬度、高海拔于一体的多民族贫困县。长期以来，当地百姓喜好在山地坡头养殖土鸡，土鸡由山顶到山脚寻食时，时常一跃而起飞抵树梢或山谷，"飞鸡"因此得名。

云南农业信息网在 2019 年开年的一则报道中特别提及："2018 年在东方卫视《我们在行动》栏目和蔡国庆、陈蓉、霍尊、田原、李维真等多位名人的推荐帮助下，金平诺玛飞鸡一飞冲天。"

2019 年 1 月 28 日，云南省人大代表、金平县县长吴华昊走进"两会访谈间"，并介绍道，从 2018 年 9 月至今，金平县的诺玛飞鸡已经销售了 4 万多只，销售额达 700 多万元。

在金平县，饲养"诺玛飞鸡"的绝大多数是当地建档立卡贫困户，但由于当地管理机制不专业，加上缺乏冷链技术，无法找到大型销售端，难以获

得可观的收益。通过《我们在行动》的"造血式帮扶","诺玛飞鸡"成了飞出大山的"金凤凰"。

当地哈尼族妇女阿者诺玛只身一人带领 336 名农村贫困妇女艰苦创业，创办诺玛养殖合作社带领乡亲奋力脱贫的故事，也正是通过《我们在行动》的发掘和呈现，深深感染了全国观众。人们更是通过直观的画面，感受到了哈尼族妇女的不屈与力量。

"阿者诺玛"哈尼族语含义为"美丽的月亮"，表示"勤劳、智慧、能干"。阿者诺玛既是村里文艺队的队长，也是村里有名的致富带头人，村里人人都很佩服她，都说她是一个能歌善舞、勤劳、冲闯、敢干的哈尼族妇女。

阿者诺玛的创业之路，是从卖腊肉、腊肠、老猪脚等哈尼传统风味食品起步的。

2011 年，为打开销路，她带着产品，凭着一张农产品经纪人证书去广东参加农产品交易会。没想到，产品竟然得到了认可，从此打开了金平哈尼族手工作坊式生产的传统风味食品，在省外销售的第一道门。

2014 年，为了凝聚力量带领大家创业致富，阿者诺玛又动员当地的 12 个村民成立了"金平诺玛养殖专业合作社"，采用"合作社＋基地＋社员"的发展模式，带领社员发展种植、养殖、农产品加工、手工艺品等原生态且具有民族特色的产业。

金平诺玛养殖专业合作社助推脱贫攻坚，积极吸纳贫困群众入社。2016 年，合作社累计发展社员 536 人，其中农村留守妇女 336 人，建档立卡贫困户 66 户，大龄和残疾人 38 人。

嘉宾蔡国庆与孩子们互动

　　2017 年，阿者诺玛还被州政府、县委、县政府评为"巾帼创业致富带头人"。

　　受哈尼王子李维真的委托，《我们在行动》来到金平苗族瑶族傣族自治县黄家寨村。这里耕地稀少，村民缺少经济来源，贫困发生率高。我们通过挨家挨户的走访发现，几户典型家中的经济支柱都离不开妇女，女性劳动在这里十分普遍。更有人称，这个贫困村几乎就是"妇女村"。

看过节目的观众一定印象深刻，黄家寨村有许多优秀的女性，她们以一己之力撑起了整个家庭，阿者诺玛就是典型的例子。

这位"女强人"为了帮助家乡的贫困妇女们一起脱贫致富，做了许多尝试，养猪牛羊、养鸡鸭鱼，屡战屡败，却愈战愈勇。我们从她的身上，格外感受到了女性的坚韧和力量，也更坚定了帮助黄家寨村脱贫致富的决心。

最终，大家一致认为，诺玛的"飞鸡"堪称鸡中贵族，在山中放养，鸡骨强韧，鸡肉有嚼劲，很适合打造成金平品牌，并能带动全村一起规范养殖。在此之前，养殖着上万只鸡苗的阿者诺玛正苦于鸡苗没有销路，村民不愿养殖，难以做大做强。

为了扩大"飞鸡"的养殖规模并打通销售渠道，我们联合金平县副县长陈嵩、金合鹿企业负责人李桔一起，向养殖合作社社长阿者诺玛提议企业与合作社合作，综合养殖技术与养殖质量，共同打造代表金平特色的"飞鸡"品牌，却遭到了诺玛的多次拒绝。

合作后，原有品牌能否保留？产品质量是否有保障？社里300多位贫困妇女的收益能否有所保证？这些都是诺玛的顾虑和担忧。最后，还是儿子一语点中了妈妈的初心："只有这样，你才能去更大的平台，帮助更多的人，这也是你的初衷。"诺玛这才放下担忧，安心合作。

为了展现出贫困妇女们坚韧不屈、勤劳敢干的精神，让她们在劳动之余也能体会到生活的美好，我们商讨决定以展示当地少数民族服饰文化作为产品发布会的形式，邀请黄家寨村的劳动妇女们，上演一场别开生面的T台秀。

在这场T台秀上，我特别邀请了一位特殊的女性：73岁的贫困户老奶奶陈自和。

和帮助家乡女性一起脱贫致富的阿者诺玛一样，陈自和老人强烈感染着每一个人。她的家中，除了劳动力缺失的老伴儿，就只剩下上初二的孙子，儿媳离家出走，儿子英年早逝，强撑起整个家庭的这位老人没有被生活击垮。

当人生第一次站上 T 台的时候，她饱经风霜的脸上写满了淡然，聚光灯下挺直的腰板，让台下的观众红了眼眶。

那天，因雨天地面湿滑，穿着高跟鞋的我不慎滑倒，脸朝下摔在地上。当时，脸被摔得生疼，我估摸着应该没啥大碍，顶多就是乌青，但是导演组的同事建议赶紧到旁边的医务站检查一下。考虑到路程很近，不会耽搁拍摄，我就去了。短暂离开的这段时间，蔡国庆一直在台上帮我撑着，和村民积极互动。

到了医务站，我发现工作人员拿着机器在拍，当时有些生气，跟他们说不要拍了，也不检查了，这一段也千万不要放到片子里。我知道，我们的导演组很有拍摄真人秀的意识，他们认为这样的故事是好看的、感人的，但我觉得这不重要，更不该被渲染。

返回拍摄现场之后，我在台上和热情的村民们说了一段掏心窝的话。从事主持工作 20 多年来，我一直提醒自己不要在舞台上摔倒，这次是我第一次在舞台上摔倒，我觉得这是我和金平的缘分，让我一辈子都记得在这里的点点滴滴。我想，只要这里需要我，我会随时回来。

产品发布会上，"金平·诺玛飞鸡"揭牌，当场收到了上海蔬菜（集团）有限公司的 300 万订单。同时，当地带头企业金合鹿表示，将成立扶贫基

陈蓉在主持订货会

金，为当地政府的扶贫工作持续提供资金助力，预计每年捐赠额达 100 万元。

金平的纯种土鸡名声大振。据阿者诺玛向我们介绍，自从东方卫视《我们在行动》播出诺玛养殖专业合作社发家致富情况后，她的产品在全国各地都备受青睐，外地老板和客户们都打电话前来订货，她和姐妹们都忙得不可开交。

2018 年 10 月 21 日，一年一度的"大爱无国界"义卖活动于金秋时节在京举办，金平的参展队伍由县长吴华昊带队，6 个农民专业合作社参加了义卖活动，金平诺玛养殖专业合作社也在其中。义卖会上，王毅外长走到金平展台驻足，与大家亲切交谈，合作社的参展商品纷纷被"秒拍"。

"土山鸡"飞出了大山，飞向了全国各地，飞往了脱贫致富的辽阔蓝天！

阿者诺玛说："我会一直努力下去，为家乡贡献自己的力量，与大家一起携手进入美丽富强的小康社会。"

跌倒了，就勇敢站起来。哪怕面临再大的风雨，再多的泥泞，也抵挡不了她们用坚强书写人生，用勤劳锻造美好，用乐观迎接未来。

"女性能顶半边天"这耳熟能详的话语，在贫困的大山深处，正绽放着令人肃然起敬的无尽芳华。

【注：部分内容综合自金平电视台、金平脱贫攻坚、多彩金平】

# 一校、一师、一生

行动地点：河北省张家口市阳原县揣骨疃镇

行动时间：2018 年 9 月 27—30 日

公益大使：林永健、聂远、王迅、杜国忠

伴随《我们在行动》第二季的播出，"一校、一师、一生"的香草沟小学第一次闯入全国观众的视线。

"只要还有学生，我就会坚守大山！"

一个关于坚守与希望的故事，撼动了许多人的心。

时隔数月之后，2019 年 1 月 3 日，《中国教育报》在要闻版的头条报道了这位平凡而又不凡的教师：河北省阳原县山村教学点教师马斌。

说他平凡，是因为他不过是中国数以千万计的普通教师队伍中的一员。

说他不凡，是因为他扎根大山，无怨无悔。在 34 年的教学生涯中，马斌倾注了所有的心血，一共教过 600 多名学生，其中至少出了 20 多个大学生，7 名硕士研究生，还有 3 名读了博士。

最让马斌引以为豪的，不是他曾获得"阳原县优秀教师""县师德标兵""年度统考教学成绩中心校第一名""年度英语学科统考成绩一等奖"等荣誉称号，而是他通过自己微弱的力量，让众多的山里娃走出了大山，有了出息。

《我们在行动》两季以来，导演组一路经历了11站，走遍了祖国的东南西北，但阳原县揣骨疃镇是让节目组感觉贫困程度最为严重、乡村现状最为凋敝的一站。

揣骨疃镇地处首都北京、煤都大同和皮都张家口之间，是黄土高原、内蒙古高原与华北平原的过渡带，这里土地贫瘠，土壤盐碱化程度高，常年干旱，主要种植玉米、高粱等耐旱作物，且产量较低，农民收入少。全镇共有行政村41个，其中贫困村21个，深度贫困村3个。

这一站，我们要面对两位心愿委托人，一位是揣骨疃镇帅家梁村村支书帅振孝，另一位是曲长城小学校长肖海文，两人的心愿前者是为了老人，后者是为了孩子。

许多村庄正在消亡，这是一个人们有着普遍共识、并且十分沉重的话题。早在2012年，全国政协常委、作家冯骥才就在接受采访中说道，每年中国有近9万个自然村消失。我们在这一站的途经之处，正是这样一幅衰落的景象。

帅家梁村有125户，但是常年外出人口达到65户，空置率达到了52%。现居者大多是60岁以上的老人，大部分年轻人带着小孩离开了村子，帅家梁村已经成了一个空心村。

曲长城小学学校很大，设施很全，但是目前只有6个班，一个年级一个班，小学部加起来也只有七十六个学生，最少的班级只有五个学生。曲长城小学校长肖海文表示，近几年来，村里年轻的父母迫于生计带着孩子离开这片故土，所以学校的孩子也不断减少。

我们的导演在踩点手记中写道："我们所身处的当下，是一个剧烈变革的时代，在这样的洪流中，一切坚固的东西都烟消云散了。与村子一同走向衰落的，是曾经辉煌的乡土文化、魂牵梦绕的故土乡情，以及曾经人满为患的乡村教育。"

有一种观点认为，衰败的乡村背后，是一个进步的中国，这是农业文明向工业文明过渡的必然产物。尽管如此，依然有人选择坚守，振兴乡村，只为不让故乡消失，乡愁能有安放之所。

位于香草沟村西北坡上的香草沟小学，是阳原县最偏远的教学点之一，其教学服务覆盖香草沟、金卜罗和小井沟3个小山村。然而，这里仅有一位老师，一位学生。老师就是香草沟小学的校长马斌，学生是今年刚入学的一年级新生朱琪。

录制的那一天，我们从曲长城小学转场，翻过了一个又一个山头，才终于到达海拔1500米的香草沟小学。山顶的风很大，没有公路，崎岖坎坷，四周几乎没有村庄的痕迹，很难想象小朋友每天都要经过这样的路程，才能到学校。

据阳原县教育局干部张永军介绍，当地类似这样的地方还有不少，但只要实际情况需要，县里还是会保留必要的教学点。

安静的校园里，尽管只有一师、一生，两人也其乐融融，学习气氛浓郁。

攀谈中，老校长马斌唏嘘不已："以前，我们这里的孩子也不少，但是

陈蓉、聂远与小朋友一起升国旗

现在年轻人都外出务工了，在家里赚不到钱，就都带着孩子走了，都去县上和外地的学校了。"

　　为了方便教学，马斌举家搬到了学校，还在院里种了蔬菜，他把学校当成了家，把学生当成了自己的孩子。在天气恶劣的情况下，会留下孩子在学校同吃同住，日常护送孩子回家的道路上，也会背着孩子走过一段又一段的崎岖山路。

　　是什么支撑他一路坚持的？马斌朴实一笑："我要对得

起孩子呀！不管是几个学生，咱们照样上课，还是要对孩子负责。可能会有那么一天，一个学生都没有了，但只要孩子在，我就好好教，不会辜负乡村父老乡亲的期望。"

这就是一个乡村教师的质朴、执着和坚守。乡村美，中国才会美；乡村强，教育必须强。聂远也表达了最真诚的谢意："感谢有这样的老师，我们的孩子才有希望。"

老校长心中有一个小遗憾，因为只有一个孩子，所以每次的升旗仪式就只能两人完成，孩子虽然知道升旗仪式需要旗手1名，护旗手2名，但还没见过正儿八经的升旗仪式，平时只在电视里见过。

我们特别乐意弥补老校长和小朋友的这个遗憾。于是，由老校长任升旗手、聂远任护旗手、我做主持人，给孩子带来了一次规范而肃穆的升旗仪式。

"我宣布，2018年9月28日升旗仪式现在开始！"

随着"升国旗，奏国歌，全体师生行注目礼，少先队员敬队礼"的嘹亮声音，国歌响起、国旗飘扬，小朋友敬礼的手高高举起，神情专注而向往。

"同学们，我们香草沟小学已经很久没有举行过这样比较隆重的升旗仪式了，让我心里很激动，我感想很多。我在山区教书、当教师已经34年了，34年来，我教出了一茬又一茬的学生，可以说，我们学校的办学条件一天比一天好，国家的政策对农村教育非常地重视，我相信，以后会更加好！"

老校长一番言辞恳切的国旗下讲话，让人内心澎湃。我相信，这场只有四个人的升旗仪式，不仅会让小朋友对国旗和国家有更深刻的理解，还会把这份特殊的爱国主义教育通过屏幕，告诉更多的人。

放学了，马斌牵着孩子走出校门，和往常一样送他回两公里之外的家。走到一段塌方路段时，马斌担心孩子的安全，毫不犹豫地抱起他就往前走。聂远赶紧代替老校长背过孩子，"我相信他长大以后一定记得，有这样一段路，是这样一位老师陪伴他走过的。路途不难，但是我觉得这份情意很重"。

每逢分别，马斌都目送着孩子远去。他所守望的，不光是一个孩子长大的身影，更是一份乡村教育的责任。

公开数据显示，我国 35% 的初中、66% 的小学、35% 的幼儿园设在乡村。但受城乡教育发展不平衡、交通地理条件不便等多种因素的影响，乡村教师的职业吸引力仍然不够强，"下不去、留不住、教不好"的困惑依然存在，严重制约了乡村教育的进一步发展。

2019 年年初，中共中央、国务院印发了《中国教育现代化 2035》，中共中央办公厅、国务院办公厅印发了《加快推进教育现代化实施方案 (2018—2022 年 )》，两份文件共同构成了教育现代化的顶层设计和行动方案，其中特别强调要以保障义务教育为核心，全面落实教育扶贫政策，稳步提升贫困地区教育基本公共服务水平。

"知识改变命运"鼓舞了一代又一代人。振兴乡村教育，不仅是推动教育现代化的关键一环，也是消除贫困最有效、最根本的方式。挖断代际传递的"穷根"，依然任重道远。而无数个"马斌"，让我们感到了温暖的力量，看到了美好的未来。

# 12 小时跨越 2000 公里的紧急救助

行动地点：海南省白沙黎族自治县牙叉镇对俄村

行动时间：2018 年 8 月 21—27 日

公益大使：钟汉良、曹可凡、石哲元

2018 年岁末，一则"海南省省长拿起听诊器为 10 岁女童看病"的新闻，成功引起了许多网友的注意。

12 月 25 日下午，海南省省长沈晓明来到白沙黎族自治县牙叉镇对俄村，这里是他的扶贫联系点。当天，沈晓明省长到村里走访看望贫困户，来到因病致贫的符家，看病历、问病情、算开销，详细了解治疗、康复和帮扶情况，这才有了给小女孩看病的暖心细节。

各方媒体纷纷报道——原来，沈晓明省长和符夏玲之间竟有一种特殊的缘分。

2018 年夏秋之交，《我们在行动》在海南拍摄节目。当得知符夏玲患有先天性心脏病，因家庭经济困难，无法及时医治，我在这一站公益大使曹可凡的牵线下，和上海儿童医学中心取得了联系，在了解情况之后，医院立刻表示愿意帮助符夏玲，全程免费救治。

2018 年 9 月 5 日，经过一场"推迟"了 5 年的手术，海南女孩在上海儿童医学中心得到了救治，其父母符红金和陈小英以及整个海南省白沙黎族自治县牙叉镇对俄村的村民们悬着的心，终于落了地。

现任海南省省长的沈晓明，曾在 1998 年到 2003 年间担任过上海儿童医学中心的院长，他是我国儿科领域的权威专家，曾主编全国高等医学院校统一教材《儿科学》，此番给符夏玲听诊，可谓"重拾老本行"。

在 2018 年 8 月之前，符红金和陈小英夫妇还在为两件事烦恼：一是家中颗粒无收，二是大女儿符夏玲的先天性心脏病迟迟无法医治，但《我们在行动》节目的到来，让他们看到了希望。

和此前走过的每一站一样，我们密切关注着当地村民的生活状态。走访中，符红金一家的状况，让大家格外牵挂。

符红金一家是烈士家属。符红金的爷爷，曾是海南白沙老革命区的一位老红军，在符红金家中进门的墙壁上，就挂着烈属之家的光荣牌。

大女儿玲玲的病痛由来已久，她从小就一直喊胸痛、骨头痛，被县城医院认定为风湿，后来去了海口医院，被确诊为先天性心脏病，医生建议保守治疗。在医院住了 20 多天，前后花去了数万元，玲玲就靠着每年去县城医院做随访维持治疗，直到 10 岁。

孩子母亲陈小英只知道孩子不能做剧烈运动，至于怎么治、能不能治好、要不要动手术，她一直都"不清楚"。

为什么不去海口继续治疗？因为太贵了。

符红金一家两夫妻和一双儿女四口人都靠着家中 400 棵橡胶树和两亩田

地生活。但接连三年降雨，橡胶根本没法收割，市场需求又下滑严重，水稻只够供自己吃，这一家人几乎没有收入。陈小英曾被村里安排去茶园打工，去了4天，赚了400元，每天还能回来照顾家里，但后来就没有事可做了。为了守着女儿，陈小英也不敢去更远的地方打工，疾病和天灾几乎拖垮了这个家。

提到大女儿的病情，一家人都愁容满面。

玲玲的治疗一再延误，但是天真可爱的孩子并没有被残酷的现实打败，甜甜的笑容一直挂在脸上。只不过，当我们问到她的梦想时，玲玲不由自主地流下伤心的泪水。

一旁的陈小英忍不住放声大哭："她就想病好了，可以跟同学一起跳绳……"在常人看来再普通不过的生活，竟成了小女孩最大的奢求。

同行的曹可凡是学医出身，"我看孩子双膝红肿，又看了她的病历，初步判断孩子可能是二尖瓣反流，必须马上接受治疗"。曹可凡第一时间联系了上海交通大学医学院附属上海儿童医学中心院长江忠仪，江院长当即表示愿意提供帮助。

巧合的是，上海儿童医学中心心胸外科医生陆兆辉刚好驻海口医院对口帮扶，于是陆医生立刻赶往对俄村为玲玲做第一轮诊断，同样做出了病人需尽快治疗的判断，12小时内节目组安排玲玲一家直飞上海。

经专家第二次会诊确定，符夏玲需要进行手术。上海儿童医学中心马上安排，前后不到三四天，为生命打开绿色通道。

手术之前，上海儿童医学中心副院长赵列宾特意前往病房，看望并鼓励即将手术的玲玲。

上海医生特意奔赴对俄村为符夏玲听诊

　　此次手术的主刀医生是心脏中心主任徐志伟教授，在经历了揪心的 4 个小时之后，当日中午 12 点，手术顺利完成。那天，我和曹可凡，以及《我们在行动》节目组的多位同事都守候在手术室外，焦急地静候佳音。

　　徐教授表示，因为病人以前有过感染，病情比预想的严重，好在救治及时，现在采用不完全封闭的 C 型环对心脏瓣膜进行整形，不会对孩子的成长以及心功能有太大影响。"如果病情再拖下去，可能就要换人工瓣，终生要吃抗凝药，心功能也会变差。"

玲玲康复期间，我和曹可凡去到上海交通大学附属上海儿童医学中心，直接换上白大褂，走进了医院心胸外科的重症监护室，探望这个坚强的女孩儿。

看着玲玲平稳的睡颜，我们放心了。玲玲是个很坚强的孩子，来上海的路上，她一直在说话，对手术也不紧张，只是问："会打麻药吗？"

可凡则对孩子的聪颖记忆犹新："她说将来想做医生。她妈妈问，你自己病成这样怎么给别人看病？玲玲就生气了。我看过这孩子写的数学作业，字迹非常工整，正确率也很高。我希望她术后好好恢复，将来考取医学院。"

采访当中，医生还道出了一个让人心疼不已的细节。术前，玲玲曾对父母说："万一我在手术室里出不来，就把我的身体捐献出来。"

"长大希望成为一名医生。"这句话让江忠仪院长和徐志伟教授始终记在心上。《我们在行动》节目牵起了玲玲和上海儿童医学中心的情缘，也许这份情缘不仅是医患情，更可能延续为医学情。"听说玲玲很爱学习，成绩也很优秀。病好了好好读书，将来考取医学院，来上海继续学习，或许孩子的梦想真的能够实现。"江院长美好地期许。

据悉，符夏玲治疗期间的医疗、住院、交通和日常必需的各项费用，得到了上海儿童医学中心爱佑慈善基金会等社会慈善力量的大力支持。

江忠仪院长表示，"一切为了孩子"，这是医院和《我们在行动》节目共同的志向。"我们医院长期从事公益慈善事业，每年都会接收约 1000 例贫困患儿，其中有不少是孤儿，基金是由社会各界爱心人士共同募集的。我们不

曹可凡在对俄村茶园采茶

仅为孩子们治愈疾病，更希望改变他们的人生，让他们在爱心人士的家庭中重新生活。"

从《我们在行动》请来医生第一次到家诊断，到抵达上海完成手术，前后不到 10 天，玲玲重获新生，符红金一家也终于重展笑颜。在此，我要特别感谢上海儿童医学中心医护人员的全力支持和救护，没有他们，我们达不到这样的反应速度。

一次扶贫，一台手术，让这个小女孩的命运至此改变。

一次行动，一场公益，为一个贫瘠的家庭送去了温暖、力量和希望。

成功抢救符夏玲，也让我看到了《我们在行动》更大的可能性，看到了"扶贫＋医疗"的巨大能量。受此启发和鼓舞，我们在接下来的录制站点，逐步向更多的行业和领域拓展扶贫事业，竭尽所能去帮助更多的人。

曹可凡说，玲玲的故事也能让观众看到公益节目的巨大魅力，"我相信观众是有分辨力的，当今时代，我们更需要能够纯化心灵和大脑的电视公益节目"。

在海南站，我们携手当地共同打造了一款颇具寓意的产品礼盒——来自星星的礼物。对符夏玲来说，这份云集了全社会关爱的救治，又何尝不是一份闪闪发光的生命礼物呢？

# 彝绣"七仙女"从小山村走上大舞台

行动地点：云南省楚雄彝族自治州武定县猫街镇半山村

行动时间：2019 年 1 月 16—25 日

公益大使：童瑶、李宗翰、汪文平

彝情千年，绣爱万家。

相传，在一千多年以前，从天空中飘落下七片美丽的五彩花瓣，从此，云南的一个小山村里遍地都开满了美丽的马缨花。村民们都说，是天上的七仙女下凡了，彝族服装的帽子上也多出了七朵马缨花。

马缨花象征着多子多福。淳朴的彝族人民有一个传统，每个女孩出嫁的时候，妈妈们都会绣一套嫁衣给自己的孩子，这也是她们给孩子最好的祝福。代代相传，精致的彝绣也就有了千年的传承，就像母亲对子女们爱的传承。

第三季《我们在行动》的开篇，我们收到了演员童瑶的心愿委托。她曾在东方卫视播出的《大江大河》中饰演带着村里人养兔子致富的宋运萍。作为一位土生土长的云南姑娘，她曾因看到一张因为云南干旱、小孩在喝脏水的图片而倍感心酸，"那是我第一次意识到其实自己还真的是挺想家的"。她告诉我，希望能加入扶贫的行列，为她的家乡云南贡献自己的力量。

我们之所以选择有着"七仙女"传说的云南省楚雄彝族自治州武定县猫街镇半山村，当然不只是被美丽的故事所吸引。

在这一季，《我们在行动》继续挑战，走向了贫中之贫、艰中之艰。半山村在 2015 年的贫困发生率达到触目惊心的 70.15%，即便到 2018 年，仍高达 47.14%，创下节目三季以来涉足区域的贫困程度之最。

该村致贫原因主要为地理因素，天气、土壤、海拔等影响作物，产量不高，且交通闭塞。当地村民们主要靠种植苞谷，养殖猪、牛、羊维持生计。每年最多只有 4 个月的农闲时节，主要在十月后至第二年新春。农闲时节，每家每户的劳动力会陆续到周边的城镇打零工，为家里赚一些收入，这是每家每户赚取收入的主要方式。运气好的话，省吃俭用可以赚上一万元，运气差的，收支相抵基本没有余存，通常情况可以赚三四千元拿回家中，而这笔钱，基本上就是这户人家这一年唯一的收入。

进村之后，我们挨户走访，结果不尽如人意，这是一个可用耕地不足、缺少经济作物且无法规模化发展畜牧的贫困村，该选取怎样的产业，成了一度困扰我们的难题。与此同时，彝族绣娘精湛的手工技艺引起了我们的注意。

彝绣，是流传于我国西南彝族地区的彝族刺绣，距今最少有 1700 多年的历史，针法变化多端，色彩搭配浓烈，是彝族服饰的特色文化。作为彝族聚集区的半山村委，家家户户都会彝绣，小到 4 岁的姑娘穿针引线，大到 70 多岁的奶奶门前绣花，彝绣不仅被他们世世代代穿在身上，也成为了村

在劳作的间隙绣花

民们生活中不可分割的一部分。

　　走访中，我们遇到了阳光甜美的"村花"李岫音。当我们踏入院子，她正背着 9 个月大的孩子忙着干活。在询问她的家庭情况时，我们得知了她的悲惨身世。在她 13 岁的时候，姐姐因为难产去世，14 岁时，父亲病逝，一度只剩下她和母亲相依为命，成绩很好的她选择了辍学，在家下地种玉米、麦子，做农活。

　　如今，因为老公外出打工了，李岫音自己的精力大多都在照顾小孩，平时家里主要的劳动力就是靠母亲，她觉得母亲很辛苦。

交流中，我们发现李岫音身上的背带做工很好，图案非常别致。李岫音告诉我们，背带是她亲手做的，而且自己很喜欢彝绣。她的乐观和她的经历形成了强烈的对比。心酸之余，我们对她更多的情感是敬佩。

"背着娃，绣着花，养着家"不仅是李岫音一个人的生活状态。当地的彝族女性几乎没有出过远门，她们就将自己看到的、心里想的绣出来。所以，彝绣通常是传统的、象形的图案，它们是女性话语表达的一种方式。

2018年6月7日，彝族刺绣经国务院批准列入第二批国家级非物质文化遗产名录。面对这项代表了中华民族悠久人文历史的手工技艺，我们有责任和义务，将其传承和发扬下去。一条"文化＋产业"扶贫的思路初具雏形。

走过这么多站，手工艺是我们从未涉及过的产业领域，一切未知且不可预估，这将是一个大胆而富有挑战的尝试！如何在保留本民族特色的同时，建立起当地特色的彝绣产业生态链？为了寻求科学有效之道，我们开始了对彝绣的调研行动。

伴随清晨的第一缕阳光，半山村迎来了崭新的一天。我们走进彝绣合作社社长李从梅的家中，品尝了一顿五味杂陈的早餐。

李从梅是一位开朗阳光、热情大方的大姐。2017年6月，她成立了武定县猫街镇传承彝绣专业合作社，并加入楚雄州妇女彝秀协会，直接带动周边3个村委会50多名绣娘，其中80%为建档立卡贫困户，且多名绣娘身体残疾。合作社中，每位绣娘绣工精湛，能画、能剪、能绣，且保留了上千种传统剪纸花样和传统手工制作工艺。

李从梅希望能通过彝绣让更多的妇女们能在家带娃工作，不仅提高家庭地位，更拥有经济独立的本领，同时也将彝族人民世世代代传承的手艺发扬光大。

吃早餐的时间不长，可是谈及的故事意味深长。交谈中，我们对李从梅的家庭有所了解。五年前，因为一场疾病，她的老公成为二级残疾，生活的压力重重地砸在李从梅肩上，那个时候的生活极其困难，就连孩子生病16块钱的药钱都难以负担。可是，凭借她不断精进自己的彝绣技艺以及丈夫在木雕上的学习和努力，她们家实现了脱贫。

脱贫之后，热心的李从梅建立彝绣信用合作社，想让村里的绣娘都像自己一样，通过勤劳的双手过上幸福的生活。但是，村里的绣娘们因为繁重的农活和繁忙的家务无法按照标准完成绣片，导致建立合作社对李从梅本人的生活不仅没有帮助，反而不断亏损，绣娘们也没有显著提升经济收入。

对此，我们深有感触。

在我们走访的过程中，就遇到一位绣娘，她花费半年时间绣制产品，却因农忙、家务等多重重担，导致绣片脏污、针脚不齐，近一半都是"废片"。合作社社长李从梅于心不忍，还是按原价给了她2000块钱，这位绣娘满含泪水，内心纠结，拿着钱离开了……

李从梅告诉我们，大家都不容易，辛辛苦苦绣的东西，她不好意思不收。但这些产品确实没有达到标准，因此是不能交上去的，也不能散着卖败坏口碑，她自己也不知道该如何处理，于是废片就一直积压着。

身处当时那个场景，我不放心刚刚走出门去的那位绣娘。等我追出去的时候，发现她就站在合作社门外的不远处，并未离开。我试图询问她内心的

童瑶、李宗翰跟着绣娘学彝绣

想法，她的言语中既有委屈，又有愧疚，这么多年，大家都是这么绣的，她确实也付出了很多的心血，但李从梅说不合格，又还是给了钱，她不知这钱是该收还是不该收。

至此，我深刻意识到了彝绣产业标准化的重要性。我宽慰这位绣娘，保证会帮助大家想办法。接着，我和其他公益大使达成了一致思路，为了更好地打造品牌，我们必须发展标准化的彝绣产业链，针对性解决当地彝绣标准意识欠缺、文化挖掘不够、市场拓展不力等一系列困扰发展的顽疾。

扶贫和绣花一样，是个精细活儿，在哪儿下针、如何下针，讲究的是"准"。

脱贫攻坚越往后难度越大，"精准"的重要性越发凸显。实际工作中，我们既摸底考察，弄清贫困成因和生存现状；也抽丝剥茧、追根溯源，逐层探访当地合作社、彝绣协会，从产业下游往上游全盘细致了解，找到产业链条的薄弱环节，各个击破。这一整套既打通最后一公里，又讲究精准灌溉的工作方法，在我们的节目中体现得愈发娴熟。找产业、抓痛点、挖潜力、寻出路……可以说，节目不断完善着关于精准扶贫科学化、精细化、规范化的有效模板。

在这一站，我们和村民通过一场激烈的发展彝绣动员大会，商议决定办一场展示彝绣的发布会，进行市场试水。

为了这场"彝情千年·绣爱万家"主题发布会，我们的公益大使亲自动手设计服装，挑灯夜战做足准备，将自己对半山村的美好期盼都汇集在一针一线里。

发布会当天，彝族各个年龄段的女性穿着代表服饰，走上 T 台。从稚童到少女，从妇女到耄耋，时间不长的走秀，却展示了当地彝族女性的一生。"七仙女"的歌声，更是令人落泪："日升日落，一天一日，一生一世就完了，不要怕……"彝族小调唱出了她们对离家丈夫的思念，也唱出了她们坚强乐观的生活态度，哽咽的歌声让在场的人都为之动容，更忍不住纷纷落泪。

伴随着绣娘们邀请的手势，公益大使也上场展示了自己设计的服装。我们身上的绣片，都来自李从梅合作社里的废片，我们希望用这样"废片利用"的形式，为绣娘们加油打气。我们希望让她们相信——只要努力绣，就一定会收获生活的希望。

公益大使汪文平在发布会现场揭晓了为半山村准备的惊喜：来自依文集团的第一批 500 万的代销和订单，并将彝绣带进北京"深山集市"，让消费者们认识藏在大山里的宝贝，让消费扶贫成为一种新的扶贫方式，彝绣的魅力也将在这里绽放。

李从梅告诉我们，半山村是一个没有开通日常班车的地方，这里很多村民都没走出过大山，也不知道外面的世界是什么样的。无心的一句话，我们默默记在了心里。

如广大观众所见，没过多久，"七仙女"绣娘就走上了《妈妈咪呀》和 2019 年东方卫视春晚的舞台。这是她们人生中第一次走上这么大的舞台，第一次向这么多人表达自己的心声，东方卫视以及《我们在行动》帮助她们从小乡村走上大舞台，她们也凭借淳朴的笑容和动人的歌声，不断传播和推广着迷人的彝绣。

地理条件为她们关上一扇门的同时，风情人文也为她们打开了一扇窗。

背靠东方卫视和上海这座国际都市的深厚资源，《我们在行动》第三季以饱满的斗志扬帆起航，它站在了一个更高的起点，也怀揣着更为滚烫的热忱——打好这场"最后的战役"，我们必将迎来一个美好又近在咫尺的明天。

# 寻找"卖菜书记"

**行动地点：** 贵州省遵义市道真仡佬族苗族自治县三桥镇

**行动时间：** 2019 年 2 月 20—24 日

**公益大使：** 宁静、金瀚、耿政松

"云雾缭绕在山间，人美水美山美，满眼都是童年的回忆"，这是宁静眼中的家乡——贵州。这一站，我们走进了遵义市道真仡佬族苗族自治县。

2000 多米的海拔和民族多元的构成，使得道真自然风光优美，民族风情浓郁，更是享有"呼吸之城"的美誉。可是，特色的风土人文并未给道真带来经济创收，这里是全国仅有的两个仡佬族苗族自治县之一，属于国家新阶段扶贫开发工作重点县。据 2018 年统计，该县贫困村多达 9 个，贫困人口 1.32 万人。

为了更好地帮助道真村实现脱贫，我们的首要任务，是寻找"卖菜书记"周灵。

在此之前，我们通过"上观新闻"的一篇报道，了解了周灵的故事，并为之深深打动。

2016 年 7 月，作为对口帮扶遵义的第二批援黔干部，上海杨浦区商务委副主任周灵到道真自治县挂职县委副书记。

当时，作为贵州最北部的地区，道真的脱贫任务十分艰巨，全县 6.2 万建档立卡贫困户，分散在崇山峻岭之间世代耕种，难求温饱。道真农民爱种植蔬菜，但是基本都是在本地自产自销，重重大山不仅挡住了村民们的眼界，也挡住了道真蔬菜的"去路"。

周灵下定决心——这道"山门"必须打开，"开门"之前，还得让当地人转变观念。

周灵就任以来，帮助当地销售商品蔬菜 1000 余吨，带动贫困群众增收 300 余万元。同时，他积极发动社会力量参与扶贫，组织协调公益活动 30 次，爱心组织订货量达 1600 余万元。但他清楚地认识到，爱心扶贫不是长久之计，只有发展可持续性的产业才是脱贫之根本。在大力提议和多方奔走下，周灵不仅提升了道真的蔬菜产业价值链，帮助贫困农民在家门口增收脱贫，还为新时代的对口援建创造了一条可持续发展的"内生成长之路"。

这位从上海远道而来的"外来客"，变成了备受当地村民信赖的"卖菜书记"。

挂职的这几年，周灵一头扎进大山，一脚踩进田坎。有人说："你挂职而已，不用那么认真。"但周灵有自己的考虑。"一是千里之外，我不仅代表自己，更代表上海干部认真的特质；二是我肩负使命，责任重大，要用有限的时间，给道真农业掘一口源源涌流的'泉'。"自从周灵来了以后，当地村民经常能在田埂上看到一位身材清瘦、着白衬衫的男人穿行其间，时而蹲下身去查看菜苗情况，时而凝望着菜田盘算下一步的销售计划。

村民在菜地劳作

　　2019 年 7 月，周灵即将挂职期满，回到上海。为此，他经常忧心忡忡。"我最担心的是时间不够用。我怕挂职期满回去了，还没有把种菜卖菜的团队带出来，还没有把群众的观念转过来，还没有把道真的蔬菜产业做出来。"

　　每一句"没有"，都让道真人感到揪心又暖心。当地的干部说，"我知道周书记是真的把道真当成了家，把我们道真的百姓当成了家人"，"他是个创业者，但又不仅仅是一个创业者，他做这些事不是为了私利，而是怀揣着一颗'公心'，为着人民和集体的利益"。

截至 2018 年底，道真全县大部分乡镇都已脱贫且已有稳定的蔬菜种植产业，唯独三桥镇的蔬菜产业发展效果始终不太理想，为了解决三桥镇的产业发展困局，周灵书记就长期驻扎在三桥镇。

我们在三桥镇顺利找到了忙碌中的周灵书记。说起任期将满的事情，他再度表示"心里非常地担心"。经过两年多的不断努力，尽管当地已经成功打造出了"道真硒锶土·仡佬养生菜"的道真蔬菜品牌。可是现在由于村民对种植、销售抱有顾虑，加上品牌推广力度不够，导致产业发展依然面临困境，销量成为亟待解决的问题，也成为任期即将结束的周灵内心最大的一个忧虑。

他把道真当成了自己的故乡，把遵义的事业、脱贫的事业当成了自己一定要办成的事业，我发自内心欣赏他的勇气、能力、才华，以及他的付出。事实上，在过去每一站的扶贫中，我们都会遇到类似周灵这样令人敬佩的扶贫干部，我们一次次感受着他们的真诚、毅力和热情，他们付出的是心血，百姓换得的叫幸福。

眼前的这位榜样，进一步激发了我们帮扶道真、助力脱贫的迫切愿望。

与周灵的沟通中，我们了解到三桥镇目前帮扶的两个困难：一个是接龙村的辣椒育苗产业推广有阻力；另一个则是夏家沟村的新型蔬菜面临滞销。为了更有针对性地进行帮扶，公益大使决定兵分两路，跟随扶贫干部陈仁松和何霞深入两个贫困村，了解这两个地方的发展现状。

接龙村和夏家沟村的现状不容乐观，我们第一天的走访过程也不太容易。推广过程中，公益大使用贵州方言进行广播号召，无人响应。尽管如此，宁静依旧坚持不懈向老乡传达育苗政策；就算山路泥泞，鞋子沾满泥巴，金瀚依旧勤奋努力地帮助老乡赶牛。正如"卖菜书记"周灵所说，我们真真正正体验了扶贫干部的一天。

再多的困难，也挡不住公益大使行进的脚步。因为我们知道，我们遭遇的一切艰难险阻，在扶贫干部面前，压根儿不算什么。

为了让村民获得规模产业发展的信心和新品种蔬菜的市场科普。最终，经过考量，周灵书记和我们团队一致决定在订货会上推出"春、夏、秋、冬"四季时令蔬菜包，规避单一蔬菜种类的时间和地域局限，为"道真果蔬"这一概念整理出更精准的品牌推广模式。同时，为了更好地宣传新式品种，我们紧锣密鼓筹备一场热闹的订货会，RAP 音乐 MV、蔬菜宝宝、高台舞狮等创意不断涌现。

在这场订货会上，我们还为扶贫干部准备了一个特殊的环节。

此前的交心中，我们了解到，这几年，周灵一心为道真县的蔬菜产业发展而操劳，因为繁忙的工作，与本身感情深厚的女儿逐渐产生了隔阂。他告诉我们："我那个女儿，我很是宝贝的，在来之前呢，一直要抱抱、要亲亲。在道真工作接近三年，我和女儿的联系也少了一些，女儿也正值青春期，这两年，我给她打电话，她也不怎么接……"

周灵书记心里有一种苦，这个舍小家、为大家的干部，在家庭和扶贫的天平上，毅然选择了后者，这是每位扶贫工作者的坚持，也是作为一名父亲的无奈。

除了周灵书记，我们还深入了解了多位扶贫干部的生活：三桥镇扶贫办扶贫干部何霞，负责全镇 8 个村的扶贫工作，原定与男友在 2018 年 10 月 1 日结婚，但因为工作繁忙，婚期延后；接龙村驻村第一书记、道真县民政局社会救助局局长陈仁松的日常，就是深入群众，挨家挨户，因接龙村路况不

陈蓉、金瀚与小朋友互动

好，他每日自备泥地套鞋和迷彩服进村帮扶，平均半个月回一次在道真县城的家，平时只有妻子一个人照顾整个家，陈仁松对家庭感到十分愧疚；帮扶干部、三桥镇国土所所长王世伦和经营超市的妻子自掏腰包，对接龙村贫困户的一名高三学生进行资助，一年资助费达 1.3 万元左右……

道真订货会上，"卖菜书记"周灵收到了一份意外的礼物。我们提前联系他的妻子黄婷，为他录制了一段鼓励视频。美丽的妻子送上了诗一般的爱："老公，很遗憾不能去到节目现场，这几年，每一次的生气和抱怨，都是因为快要支撑不住了，但后来看你发来贫困家庭的照片，再看到你带他们种菜、卖菜取得的成绩，我又觉得你做的事情很重要，也很光荣。我会把家里都照顾好的，你放心，但我希望你可以照顾好自己，按时吃饭，尤其是要注意安全。"

坚强的汉子，顿时哽咽了。周灵感叹着扶贫干部们的不容易："我们的工作，都是靠我们家属、靠我们家人的支持，才能够坚持到现在。我们走过了道真所有的山山水水，我跟我们的扶贫干部一起，体验到很多贫困户的疾苦，他们渴望富裕、渴望脱贫、渴望改变生活的这样一种精神状态，深深鼓舞着我。"

订货会上，扶贫干部的家属代表也到达现场，虽然干部们奔赴扶贫一线，忙碌的工作使他们忽略了家庭，但家属们的言语里，全都是对他们工作的支持和对帮扶事业的骄傲。更令大家惊喜的是，扶贫干部何霞的男朋友用一首带有两人共同回忆的歌曲求婚："往后余生，冬雪是你，平淡是你。"一起投身扶贫事业，是对彼此最好的理解。

用真心去遇见更多的真心，以真情来凝结更多的真情。感人的故事加上精彩的表演，让现场的人们感受到新式蔬菜的浓郁魅力，订货会现场，销售数字不断攀升，最终，我们为道真县带来了1388吨的蔬菜订单。满怀着爱意的道真蔬菜从订货会上飞往上海、走上全国人民的餐桌。

我们衷心希望，今后道真人民的生活越来越好，所有诚挚的付出，都能开花结果，不负深情，不负耕耘。

# 诗"橙"飘香，出"脐"制胜

行动地点：重庆市奉节县永乐镇铁甲村

行动时间：2019 年 3 月 6—10 日

公益大使：蒋勤勤、王耀庆、ALL IN 组合杨昊铭 & 罗杰、夏绍飞

新版 10 元纸币的背面，是一幅气势磅礴的山水画。群山巍然矗立，河水穿山而过。这里就是三峡工程的其中一段，重庆市奉节县。

大名鼎鼎的白帝城，位于重庆奉节县瞿塘峡口的长江北岸。奉节东白帝山上，是三峡的著名游览胜地，也是观"夔门天下雄"的最佳地点。古往今来，众多文人墨客都曾登白帝城，驻足挥毫。李白的"朝辞白帝彩云间，千里江陵一日还"，刘禹锡的"白帝城头春草生，白盐山下蜀江清"，杜甫的"彝陵春色起，渐拟放扁舟"，都是讲的奉节。正是因为这些诗歌，奉节享有"诗城"的美誉。

同时，奉节拥有三峡河谷的长日照，先天的地理气候优势，让这里成了脐橙的富产区，又称为"诗橙"奉节。这样一个充满诗意、脐橙满山的地方，就是《我们在行动》第三季第三站扶贫攻坚的目的地。

奉节县柑橘栽培始于汉代，历史悠久，口感出众。2009年5月26日，原国家质检总局批准对"奉节脐橙"实施地理标志产品保护。

奉节人对于脐橙的热爱，已经融入生命。一到冬天，长江及支流两岸苍翠的山坡上，挂满金黄的橙子，像是有人在这里点了无数盏小橘灯。奉节脐橙产业占全县农业总收入的20%，成为"一株树养活三十万人"的主导产业，全县10个脐橙主产乡镇脐橙收入占农业总收入的67%。一大批果农靠种植脐橙走上了脱贫之富之路，果农形象地称脐橙为

蒋勤勤品尝脐橙

"柑儿子"。

重庆作为我国的直辖市，经济发展较为领先，然而，位于重庆东部的奉节县依然存在深度贫困村。其中，铁甲村是永乐镇贫困户最多的一个村，也是奉节县20个深度贫困村之一，整个村是喀斯特地貌，产业呈立体分布，高海拔地区种植的是晚熟的青脆李，中海拔地区种植油橄榄，低海拔种植脐橙。脐橙作为当地主要的农产物，因市场销路受阻，产业链繁多，致使当地经济发展困难。身为重庆人的蒋勤勤心系家乡发展，化身心愿委托人邀请我们前来出谋划策。

前期踩点中，我们被当地的一首打油诗触动到了，诗里提到了当地的三怪："老婆跑得比较快，男人多数都是掰（方言 bai，跛脚），剩下老人带小孩。"在分组深入走访后我们发现，打油诗并非信口开河。

在铁甲村，满山遍野的脐橙果树本应是村民们赖以生存的希望，但脐橙的收益无法维持村民们的生存，村里的青壮年不得不远离家乡外出打工，家里只剩年迈的老人，兼顾务农与照看小孩。年轻劳动力缺失，是村子里的普遍现象。

走访中，我们发现了关键所在——奉节脐橙虽在重庆家喻户晓，但未走向全国市场，因为品牌知名度不如相邻的赣南脐橙，当地的橙子经常被人采购之后作为赣南脐橙销售，削弱了奉节脐橙的品牌影响力。同时，当地种植户技术水平的参差不齐以及缺乏统一采购造成的收购价格波动等因素，都在影响着奉节脐橙的品牌影响力以及种植户的热情。

为了了解当地脐橙种植现状，我们在当地"脐橙大户"翁茂柏的陪同下走进果园。当尝到味美多汁的果子，蒋勤勤连声夸赞，还将重庆妹子人美皮

陈蓉在脐橙果园

肤好的原因归为经常吃脐橙，瞬间化身"奉节脐橙代言人"。

翁茂柏年轻的时候，在江浙沪一带打过工，但收入很不理想，后来，他决定回家搞养殖和种植。一次干农活的时候，发生意外，双腿严重受伤骨折，在轮椅上坐了半年多时间，家庭也因此致贫。2015 年，翁茂柏身体康复之后，在家建了一个养猪场，兄弟四人还一起种了 1000 余株脐橙树，家庭年收入 30 万元左右。

这个过程，也不是一蹴而就的。翁茂柏大方分享道，艰辛的日子离不开自己父亲和妻子的坚强支撑，后来，生活逐渐有了起色，他与妻子的感情也慢慢沉淀，变得坚不可摧。

翁茂柏的养猪场现有 200 多头生猪，是当地最大的养殖户，这两年还成立了一个合作社，不少贫困户都加入其中。考虑到贫困户缺少资金，翁茂柏通常是给贫困户赊借猪苗，待猪仔长大出栏之后，再收回猪苗钱。养猪场管理比较科学，修建了沼气池，猪圈里面也打扫得很干净，猪粪被用作种植脐橙的肥料。也正因为如此，翁茂柏家的脐橙品质较高，通常都是回头客前来收购，单价也比周围其他农户家的高一些。我们前去走访的时候，他已经卖出 3 万余斤，尚有 6000 余斤等待采摘出售。希望拥有更多资金来扩大生产。

他的父亲是该村第一批种植脐橙的人，当年为了开拓发展，发动村民们修了一条山路。以前的脐橙都是骡子驮出去的，后来他父亲说，有了路，脐橙才能出去，外面的东西才能进来。现在，父亲去世了，翁茂柏继承了父亲的橙园，也以父亲为榜样，在尽自己的力量一点点地帮扶村民。

翁茂柏现在是村里 8 组的组长，村民们都很认可他，他有一个想法，就是通过网络成为"网红"，开展电子商务，让村里的好东西都通过这个渠道向外销售，也让村民们获得更多的收入，不被中间商赚差价。他告诉我们，他希望家乡欣欣向荣，村民每天喜笑颜开，让家乡真正成为"有诗有橙有梦想的沃土"。

再贫瘠的土地，再坎坷的命运，只要心里有光，脚下有力，就能种下希望，长出丰收的硕果。在翁茂柏的身上，我们更加确信，铁甲村一定会有心想事"橙"的那一天。

通过走访，我们了解到目前铁甲村的扶贫工作面临两个困境：一个是脐橙产业缺乏科学先进的技术与管理；另一个是脐橙销路受阻，收购价偏低。

与此同时，我和金科生活服务集团董事长夏绍飞专程去隔壁的模范村铁佛村取经。村里一派富裕的新农村景象，令人惊叹。

铁佛脐橙合作社的理事长马后明，早年在外做生意，后来回到家乡发展脐橙。当时，村里种的橙子只开花不结果，马后明邀请专家来考察指导。经过4年的努力，铁佛脐橙合作社不仅有了科学化管理，还注册了品牌"铁福脐橙"，并获得了"铁佛春橙"绿色食品认证，进一步提高了脐橙的价格。今年合作社给全村脐橙定价为2.3～2.6元/斤，品质稍差的也不会低于2元。

这样一个数字，大大提振了我们的信心，如果引进铁佛村脐橙合作社现有的模式，铁甲村的脐橙亩产量能从现在的1000多斤达到2吨以上，种植脐橙的收入能比现在增加4倍。

针对铁甲村现存的问题，再结合铁佛村的成功案例，我们提出了铁甲村成立合作社的建议，并由本村村民成立劳务队，缺乏劳动力的家庭可以雇佣劳务队帮助打理耕地。同时，请专家定期向村民们培训科学种植的方法，指导耕种，最后还推选翁茂柏作为行业带头人，带领大家共同进步。当脐橙产业模式成熟后，其他产业也可以按照这个模式推进。这样一来，不仅解决了耕地不足、劳动力紧缺的问题，也保证了果实的质量。

在确定了脐橙产业新的发展方向之后，接下来的关键就是帮助铁甲村打通销售渠道。这一站的脐橙订货会，我们特别结合奉节脐橙与当地人文背

用脐橙制作的创新果品

景，选择了古今闻名的白帝城作为订货会的场地，以"诗歌"作为此次订货会的主题。

订货会上，王耀庆为大家演绎了狂放版的《早发白帝城》，ALL IN 男团为了配合此次主题，一改往日现代表演风格，演唱了一首宋词改编的《但愿人长久》。蒋勤勤也与几位当地少女用古朴端庄的舞台秀，将脐橙展示给来自全国各地的客商。公益大使在用创意展示奉节特色的同时，订货环节也是花式安利、卖力吆喝。

令我们所有人都没有想到的是，本次订货会创纪录地完成了 3000 万元的订单，而这也是《我们在行动》开播以来最大的一笔订单。成功帮助家乡推广脐橙的蒋勤勤激动到落泪："重庆还有很多像这样的需要帮助需要关怀的山区，但是我觉得，我们有一颗坚强的心，我们有信念，我们有梦想。我希望如果能有未来的某一天，我能再回到铁甲村的时候，我们会是一个富裕的村。"

"枫林橘树丹青合，复道重楼锦绣悬。"这是诗圣杜甫曾在奉节写下的诗篇，他毫不掩饰地描绘了他眼中的大美奉节。在诗仙和诗圣的光芒下历经千百年的时光一路走来的脐橙，未来一定还会继续书写"诗"与"橙"的传奇。它的味道，它的故事，仍在长江三峡两岸绵延，出"脐"制胜，造福千万百姓……

# 爱的味道

行动地点：山西省长治市平顺县西沟乡石匣村

行动时间：2019 年 3 月 23—27 日

公益大使：王凯、刘涛、曹可凡、沈丹萍

2012 年，王凯参与了电影《申纪兰》的拍摄。在这部根据真人真事改编的影片中，他扮演劳模申纪兰的儿子张江平。

当年，为了完成这次拍摄，王凯实实在在地体验了一次农村生活。那时，他每天起得很早，晚上又常常拍到半夜，戏中有大量农村劳动场景的戏份，他逐一拿下。

估计王凯自己也没想到，多年之后，他竟会和申纪兰因为《我们在行动》，上演了一次"母子相见"。

《我们在行动》第三季的第四站，来到了山西省平顺县西沟乡石匣村。而促成这一次相见的缘分，源于申纪兰写给《我们在行动》的一封信。

申纪兰，山西平顺县西沟乡人，全国劳动模范，连任十三届全国人大代表。1950 年，申纪兰在当地创办了第一批"农村生产合作社"，她带领乡亲

申纪兰老人

在山坡上种植松柏、核桃树等，并沿着山沟自上而下建立谷坊、修蓄水池、水库，防止水土流失，为西沟村大规模植树造林打下了良好的基础。她是第一个提出"男女平等，同工同酬"提案并发起实践的人，而这一提议也在1954年被写入了《中华人民共和国宪法》。

就是这样一位九十高龄，心系家乡建设发展的老人，向《我们在行动》节目组发起委托，希望公益大使能助力家乡的扶贫事业。

西沟乡全年降雨量小，严重缺水，又是干石地貌，自然条件十分贫瘠。如今，整个平顺县都面临着一个困局，那就是当地古老产业潞党参的销售遇到了挫折。尤其是在贫困村——石匣村。

山西平顺地区作为党参的发源地，早在 2000 多年前，就有党参的种植记载，这里气候干旱，土壤砂质，看似恶劣的环境却尤其适合党参的生长。平顺所处的长治市原名潞州，为了区别于其他产地的党参，当地人就将平顺产的党参取名为潞党参，潞党参早已成为他们代代传承的一个"传家宝"。

潞党参可以提高人体免疫力、益气补血，还能改善脾胃，同时也能制造出很多衍生产品，是非常好的产业之一。不过，潞党参并不好种，种植过程整整需要两年或以上，为此，村民们付出了大量的心血。可是，我们在村里走访以后发现，几乎家家户户种植的潞党参都遭遇了滞销的境地，从四五十斤到八百斤不等，如果按照 205 户村民，平均每户滞销 100 斤来算，加起来滞销的潞党参就有 20000 多斤，这给村民带来了很大的经济压力。

即便如此，也没有影响大家继续种植党参的决心。从古代开始，山西上党地区出产的党参即为上品。世世代代的上党人民，将种植党参作为老祖宗千年传承下来的基业，守护爱惜至今。数千年来，农民与党参之间的关系如唇齿相依，密不可分。

为了尽快了解潞党参滞销的原因，我们和过往的每站一样，立刻开始深入田间、积极走访。

我和王凯在了解潞党参的种植情况时，碰到了正在劳作的栗大爷。在与栗大爷的交谈中，我们得知，由于今年潞党参收购价大幅降低，大家都不愿卖出自己家中的潞党参，栗大爷家中还有 80% 的潞党参滞销，如果还卖不掉，到了夏天，潞党参就会生虫，他们一年的辛勤耕作也将付之东流。

王凯、刘涛搬运化肥

　　栗大爷的子女都在外打工，平时只有他和老伴两个人打理家中的田地，每天日出而作日落而息，午饭只能靠在田边泡面充饥。了解到这些之后，我们决定一起帮助栗大爷栽种潞党参，同时也能更好地了解潞党参的种植情况。

　　刘涛和王凯的任务，是帮助栗大爷将农家肥装进袋里、运送到田中，虽然王凯曾在参演的影视作品中扮演过知青，铲农家肥不在话下，但是如何使用独轮手推车，让他略显手足无措，不得不求助旁边路过的村民。第一次使用这种手推车，王凯十分费力。看到与独轮车"死磕"的王凯，一旁帮忙扛农家肥的刘涛高唱《好汉歌》为他打气。

刘涛心疼王凯："本来以为是件轻松的事情，但是肥料非常重，凯凯个子太高，只能弯着腰推车走这么长一段陡峭山路，真的很不容易。"录制结束后，他们告诉我，难以想象，年迈的栗大爷如何一趟又一趟在田间辛苦地劳作，这种情感的冲击，是陌生的，却又是震撼的。

最后，两人放弃了独轮车，干脆徒手干活。刘涛肩扛手提，费了九牛二虎之力，终于将两袋农家肥运到了半山坡，王凯几次提出帮忙分担，都被她婉拒。王凯也被刘涛爆发出的巨大能量所折服："她在我心中一直是比较温婉的，我还害怕她一个人扛不动两袋，结果比我走得还快！"

我们另外几位公益大使的任务，是与栗大爷一起挖潞党参育苗。看似容易的农活，却一度难倒了我们，找秧苗、挖秧苗每个环节需要十分谨慎，一不小心就会把悉心培育的党参苗挖断。此情此景，令人不禁感叹，当地的村民是在用怎样的虔诚，精耕细作着他们眼中这土地的馈赠啊！

在当地贫困户张李晋的家中，我们得知张爸爸身患癌症，体力有限，而张妈妈先天残疾，没有劳动能力，潞党参就是家中唯一的生活来源。孝顺的张李晋是从小被抱养回来的，并且患有唇腭裂，尽管孩子并非亲生，两位老人依然倾尽积蓄为他治病。张妈妈哽咽道："孩子不好，我们也不好……"刘涛紧紧握住张妈妈的手，曹可凡告诉张爸爸，一定会想办法帮他们把潞党参卖出去，而且还要卖出好价钱。

一位正在读职高的贫困学生王慧艳，也给我们留下了深刻的印象。因为

收获的潞党参

滞销，王慧艳的家庭面临严重的经济困境，处在学业关键时期的王慧艳甚至想到了辍学打工来分担家里经济压力。刘涛心疼道："我特别能理解她作为女儿心疼父母，希望帮助家里减轻经济负担的想法。"再听到王慧艳质朴的梦想"希望党参可以发展壮大，这样就可以安心念书"后，也更坚定了大家帮助村民解决难题的决心。

平顺潞党参所代表的，不仅仅是一种关系生计的作物，它在漫长的时光中已经和故土、勤俭、坚韧、亲情等情感融合在一起，更像是一种信仰和依恋。

第三季节目的执行总导演邱邦新感慨，这里是真的贫穷、落后，但是百姓也是真的朴实、勤恳，潞党参从播种到收成需要两到三年，当地的农民每天早上四五点钟就下地干活，付出和回报太不成比例了，但是他们没有放弃种植，就跟养自己的孩子一样，无怨无悔。

经过一番深入了解，我们逐步找到了症结：目前，消费者对于党参的了解还停留在药材上，只有让党参走进大家的日常生活，才能扩大潞党参的市场需求。另一方面，大众对潞党参的品牌认知度不高，也局限了潞党参的商品化的发展。

刘涛也特别提到，她在走访的过程中发现，家家户户虽然都在种植潞党参，他们却舍不得吃，因为卖参的收入，往往是全家人的生活费。此种情境，让人动容，刘涛和曹可凡当即决定开发出包含潞党参的日常菜品。

为了让这些食谱富有创意，更能与众不同，我们找来了村里几位贫困户家的孩子，让他们一起进行菜谱的研发。这些孩子们根据家人身体情况及喜好，设计了各式菜品。这些菜品的独特之处，正是其中饱含了他们对亲人的爱与感激。他们的用心良苦，不但引得父母们满目泪光，也让我们百感交集。

刘涛和曹可凡给这些菜肴起了一个温暖的名字——"爱的味道"。"爱的味道"的意义，就是我们家人彼此给予过对方温暖和付出，它无比质朴，又久久难忘。

在以"上党之参，参生不息"为主题的订货会开始之前，我和王凯决定取材平顺县悠久的党参文化，赋予潞党参独有的品牌故事。为此，我们特意拜访了村里山西泥塑非物质文化遗产代表性传承人岳丙寅。在岳大师的指导

王凯学习制作泥塑

下，我们学习了泥塑制作，将农民种植潞党参的日常劳作场景以泥塑的形式展现出来，竭尽所能完成了稍显笨拙但极具诚意的《快乐的耕作者》。

为了这一站的订货会能有一个震撼的开场，王凯提前来到场地练习当地特色的威风锣鼓。此前从未有过鼓乐经验的王凯，经过3小时紧锣密鼓的排练，完全没了刚拿起鼓槌时手忙脚乱的样子，已经可以准确地掌握动作和节奏，携手当地村民在订货会开场为大家呈现了一场气势十足的表演。

一场精心筹备的"爱的味道"党参宴，带着浓浓的烟火气和人情味，展示了潞党参和当地文化，还让平日里舍不得吃潞党参的村民和远道而来的客商，都品尝到了潞党参的美味。

赏心、悦目、可口。各路应邀而来的客商们，逐步看到了潞党参的独特之处和市场潜力，争先举牌下单。刘涛、王凯为了帮助村民争取更多订单，在现场不断发力，他们的积极和努力，完全超乎了我的想象。刘涛为大家娓娓演唱了一首《红颜旧》，王凯也不甘落后，频繁与订货商花式互动。二人更是合唱了一曲《纤夫的爱》，引来如雷般的掌声。

在我们共同的卖力"吆喝"下，最终共计促成666万元认购订单。心愿委托人申纪兰还为我们送来村民连夜缝制的鞋垫，"感谢大家来宣传平顺来宣传西沟乡，走到了党参之地为村民发展奔小康打赢这个仗，欢迎你们再来平顺！"

# 海拔最高的一次扶贫行动

行动地点：西藏自治区日喀则市

行动时间：4 月 16—20 日

公益大使：蒲巴甲、Angelababy 杨颖、聂远、俞灏明、金宇晴

西藏，一直被人描述为地球上独一无二的领域。

高耸的雪山，苍茫的草原，茂密的森林，奔腾的江河，古老文明的遗迹，千百年来居住此地的人民，传承着独特的文明，生生不息。根植内心的信仰，赋予这片土地上的人们善良的天性；与恶劣环境的竞争，赋予了他们坚韧的品格。而他们所培育的每一个农产品，也都承载着他们的生活方式与精神追求。

从小出生在藏族牧民家庭的蒲巴甲，一直对藏族乡亲的生活念念不忘，并给我们发来了心愿委托。

他说："时至今日，我时常都会想起我从哪里来，将走向何方。如今，所有同胞的生活都发生了翻天覆地的变化，但是也有一些地区因为自然环境的恶劣，受到了经济的制约，我很希望我的每一个同胞都过上更好的生活。

所以亲爱的朋友，请你们来到西藏日喀则帮一帮我的同胞们，帮助他们推广宣传一下他们用汗水浇灌出的优质农产品。"

日喀则，平均海拔在 4000 米左右，受惠于雅鲁藏布江，冰川之水穿行而过，得天独厚的地理气候，让这里成了西藏最为丰硕的农业区。《我们在行动》第三季最后一次的跋涉，就在这里启程。

扶贫之路越往后走，我们的内心越有一种焦灼感和一种迫切感。最担心因为自己能力不够、条件不够，没办法深入帮到当地的扶贫事业。对节目拍摄来说，西藏之行是一次巨大的挑战，需要克服低温、缺氧、缺水、体能消耗、医疗条件极其匮乏、交通环境特别不便、调度难度空前增大等各种恶劣条件。愿望是美好的，过程是艰苦的。

回头来看，我们可以自豪地对自己说，我们完成了《我们在行动》三季以来海拔最高的一次扶贫行动。

更重要的是，当面对土豆和鲑鱼两样产品我们都不忍割舍的时候，团队跨越了地域的困难、时间的困难、经费的困难，咬牙扛了下来，出色完成了两款产品的包装到推介，销售额共计突破了 2000 万元。

亚东鲑鱼肉质细嫩鲜美，营养也很丰富，蕴涵含量极高的 EPA（血管清道夫）与 DHA（脑黄金），野生品种对气候海拔水质等环境要求极高，仅分布于海拔 3000 米左右的西藏亚东河 20 公里的范围内，非常稀少，并于 1992 年被列入西藏自治区二级重点野生保护动物。2015 年，亚东县人民政府与上海海洋大学合作成立了西藏首个产学研基地——亚东鲑鱼产学研基地，并在全县成立了 4 个鲑鱼合作社，几乎覆盖了所在乡镇所有建档立卡贫困户，希望鲑鱼产业能成为当地优质的扶贫产业。

团队在珠峰大本营合影

定日土豆分为红皮土豆和黑金刚土豆两个品种，它们生长在珠穆朗玛峰自然保护区的定日县，这里昼夜温差大，日照时间长，且浇灌土豆的水来源于珠峰脚下的雪水。可出人意料的是，如此天然和美味的高山土豆，却面临着严重的滞销。当地村民顿珠告诉我们，他们家中积压的滞销土豆达到 4000 多斤，这些土豆一个月左右便会陆续发芽，无法食用，一年的辛苦劳作也将白费。因土豆滞销家中没有经济来源，顿珠早早辍学前往拉萨打工，他内心迫切地希望家乡土豆发展起来，这样，自己就可以回到家乡。

人工养殖的亚东鲑鱼，今年是第一年面向市场，反馈和销量直接关系到后几年农民们的养殖热情；定日县当地农民的经济来源主要靠青稞和牦牛，但这两款产品在整个西藏地区并没有太大特色，土豆是他们前几年在援藏干部的建议下开始种植的，但当时整个长所乡的土豆滞销达到了 20 万斤。于是，很多农民明年就不准备种土豆了。

从头到尾，我的心里都憋着一股劲儿。无论如何，我们必须把这两款产品一起推向市场，好在，我们没有让自己遗憾。与其说最终让我们欣喜的是销售的数字，不如说是因为我们看到了希望、看到了信心，这是真正可以激发贫困地区内生动力的，山区里的宝贝可以被大家看见，他们也可以通过劳动和智慧，去迎接更加美好的生活。

三季以来，日喀则这一站是我身为节目制片人压力最大、同时决心最大的一站。综合前期踩点团队给到的信息，我觉得定日县、亚东县的产品和故事都特别好，放弃任何一个，我都于心不忍。

在开了两轮策划会议之后，我必须作出决策了。当时，已经是凌晨两点，我在微信工作群里发了一个"贪心"的提议："你们有没有想过，两个地方都拍，而且是同时开拍？"

抛出这个有些疯狂的念头之后，我完全可以想象，群里的小伙伴们正在迎接怎样的"心灵暴击"。

这次挺进高原的拍摄任务，本来挑战就够大、够多了。定日县和亚东县两地的单程车程需要 11 到 12 个小时，它们分别距离日喀则 7 到 9 个小时车程。如果两地都要拍摄，意味着我们在团队配置上要增加很多的人，同时对行程设计、拍摄统筹的要求极高。兵分两路之后，两条任务线如何完成合并？两队人马在哪儿汇合？日程这么紧张，如何汇合？如果有公益大使因为高反无法投入工作，那这节目还怎么拍？

本来还在叽叽喳喳的工作群，因为我的一个提议，集体陷入了静默。

大概过了 20 分钟后，我们这一站的执行导演左瑞娟、核心编剧王运辉陆续回复："蓉姐，那我们想一想。"

我们约定，第二天中午 12 点准时开会，给出最终决策。

那一夜，我无法合眼，翻来覆去推演所有的可能。第二天一大早，我就迅速联系我们供应链的伙伴开会，进一步询问他们的意见。我想清楚地知道，是否可以两地同时操作，以及难点能否解决。

结果，他们给了我一颗定心丸："你想拍哪里，我们就坚决把哪里的产品都做好，全力配合！"

到了中午，拍摄团队的小伙伴们也回复了一个坚定而充满勇气的答案："蓉姐，我们觉得可以的！"

因为这一站的特殊性，我们第一次动用了倒拍：公益大使分为两队，节目同时进行在亚东县和定日县的拍摄，任务一结束就立即赶往日喀则，所有人在那里汇合，然后进行开场和结尾的拍摄。

为了这次高强度、高难度的扶贫任务，公益大使多地辗转，不辞劳苦。他们同时从北京飞到拉萨，接着分别去往两个不同的县，从拉萨到亚东县的车程约 11 个小时，从拉萨到定日县的车程需 12 到 13 个小时。

Angelababy 杨颖、蒲巴甲、俞灏明帮助村民犁地

这两个地方的地貌截然不同。亚东在藏语里是"漩谷，急流深谷"的意思，它位于喜马拉雅山的中段，号称"西藏的小江南"，平均海拔3400米；定日县是去珠穆朗玛峰的必经之地，自然环境较之亚东要恶劣艰苦一些，平均海拔达到5000米，也更容易导致初入者身体的不适。

在日喀则这一站，我们100多人的工作团队，出现了6例严重高反，其中1位还患上了肺水肿。几位公益大使中，我们比较担心的是Angelababy杨颖，她几年前到过高原，在海拔3000多米的地方就出现了高原反应，这次她愿意前来，我们既高兴、又忐忑。多方权衡之后，她还是选择接受挑战。这一程，我们密切跟踪着每个嘉宾的情况，好在整体情况都还不错。

当时，我已经做好了最差的打算，那就是除了蒲巴甲之外，其他的公益大使都无法正常开展工作。他们到达之后，我不停询问情况：一路顺利吗？身体还好吗？几点睡的？吃得下吗？说来，这中间还有一个插曲，我们万万没想到其他公益大使都挺好的，倒是蒲巴甲在第三天见到我的时候跟我说，其实他有高反。我这才知道，他从小生长的地方海拔在2800米左右，加上如今长期生活在北京，到了海拔四五千米的地方身体是不适的。但是，他没有说出来，一直扛着，唯恐影响大家的拍摄情绪。

拍摄时，Angelababy杨颖、俞灏明、蒲巴甲主动提出前往条件更加艰苦的定日县，经过一路翻山越岭，他们到达了定日县长所乡。刚刚抵达，大家就被藏族同胞团结协作种植金刚土豆的劳动景象所吸引，藏族百姓感恩大自然的馈赠，乐观积极、用心经营着自己的生活，这让大家备受触动。

一到目的地，他们就加入了劳作，表现非常积极，背过镜头吸几口氧，面对镜头就生龙活虎，而且他们非常不想把自己吸氧的场景呈现给观众。细心的藏族女孩白玛看在眼里，为 Angelababy 杨颖递上了温热的酥油茶。

结束种植工作后，Angelababy 杨颖心里念着暖人的白玛，就和其他公益大使一起走进了她的家。通过与白玛父亲的交流，大家了解到，白玛不仅承担了家里所有的农活，还要照顾生病的父亲，全家的重担都落在她一个人身上。今年，家里的土豆收成 2000 多斤，900 多斤烂在地里，还滞销了 1000 多斤。因此，她迟迟不愿和远在拉萨的男友结婚，而父亲希望把这些土豆卖出去之后，就可以为白玛准备嫁妆，让她风光嫁人。听到这里，Angelababy 杨颖和白玛来了一番"闺蜜"谈心，她晒着小海绵的可爱视频巧妙催婚，让白玛一定要抓紧时间，完成人生大事。

Angelababy 杨颖说，当地的藏族群众用自己勤劳的双手播种农作物，看到这些就被他们坚持的精神所打动，如果可以帮到他们一点，那就尽我最大的努力吧！

在美丽的西藏，当地百姓的淳朴和真诚感染着我们，每位公益大使也希望用梦想和挑战去激励他们，走出困境。

第二天，三位公益大使又到达海拔 5200 米的珠峰大本营，向游客们推荐土豆，并且取用珠峰的雪水做水煮土豆，希望告诉观众朋友们——这里有最纯净的水域、最纯净的土壤，种植出来的也是最新鲜的土豆。

与之同时，我和聂远、金宇晴去往亚东县了解鲑鱼产业的发展，在当地扶贫干部其美旺姆的陪同下，我们来到了切玛鲑鱼合作社，亚东县共有四个鲑鱼合作社，这一所合作社主要负责孵化工作，合作社的村民正在将鱼池中

聂远指导大家协助鲑鱼"搬家"

的鱼苗分到两个鱼池，我当即提议和聂远、金宇晴一同参加鱼苗"搬家"，聂远瞬间变身场上指导，时刻提醒大家的动作与步调，为了珍贵的鱼宝宝平安转移，"聂指导"累得满头大汗。

除了协助鲑鱼"搬家"，我们还帮助养殖工作人员夜巡渔场。凌晨3点，就在我参与夜巡的时候，一场突如其来的暴雨带来的枯叶堵住了入水口，致使多条鲑鱼因为缺氧而死亡……

这一天的经历，让我们百感交集。养殖不易，农民不易。肩上的担子很重，重到足以让我们忘记了在这里拍摄的苦与难。

在后来的村内走访中，我们遇到了"留守儿童"珍珍一家。珍珍的怀里抱着三个布娃娃，她说，这三个布娃娃就是爸爸、妈妈和自己。经过进一步询问我们了解到，珍珍的父母常年在离家有一段距离的那曲打工，因为那里海拔比亚东高，所以相应的工资也会更高。为了一家人的生计，珍珍的爸爸妈妈迫不得已选择背井离乡，而珍珍因为先天性心脏病，无法生活在高海拔地区，只能与在家中的奶奶一起生活。在与珍珍妈妈的电话交谈中，珍珍一声"妈妈我想你了"触动了我们的心。珍珍奶奶说，她们最大的心愿就是希望一家人团聚，如果合作社发展好的话，珍珍的爸爸妈妈就能回来工作了。

因为地理交通因素造成当地产业基础薄弱，如何把当地品质极佳的农产品推荐宣传出去，也成为本站公益大使们面对的最大挑战。

在深度体验了藏区的人文之美后，一场"珠峰秘境、纯美至膳"主题的产品推介会如期召开，公益大使穿上藏族服饰，载歌载舞，向客商发出诚挚的订货邀请，请他们品尝高原特色，在大家的共同努力下，日喀则农产品取得了2000万元的喜人销量。

我们曾在面对绒布神泉许下心愿，希望当地百姓的生活越来越好。看着舞狮在台上旋转跳跃的时候，望见当地村民的脸上绽放微笑的时候，蒲巴甲热泪盈眶。

这次来到日喀则，蒲巴甲说自己有一种"近乡情怯"的感觉，耕地、挖土豆、种土豆一系列的流程都是那么熟悉，这些都是他小时候的记忆，但自己又好像游离之外，像一个客人，看到本次订货会竟然将所有东西一售而空，他的内心充满了感恩。

陈蓉开心地"捉住"了一条鲑鱼

本站扶贫行程的结束，意味着《我们在行动》第三季落下帷幕，虽然镜头在此暂时告一段落，但扶贫助农的行动一直都在路上，东方卫视《我们在行动》还将不断前行，期待下一季的脚步更加深入，到达更远的地方，帮助更多的人。

# 第四章

脚下沾有多少泥土，
心中就沉淀多少真情

这是责无旁贷的使命，亦是克难攻坚的奋斗。面对庄严的承诺，《我们在行动》绝无退路，只争朝夕。

# 做农村节目苦不苦

习总书记强调，文艺创作方法有一百条、一千条，但最根本、最关键、最牢靠的办法是扎根人民、扎根生活。

过去，我们除了从事纪录片部分新闻拍摄的团队有机会扎根农村之外，绝大多数制作综艺节目的同行，录制地点都在舞台、在城市，甚至在国外，即使到农村，也在山清水秀、舒适宜人的地方，《我们在行动》让一群电视人豁然发现了创作天地的广阔，深入贫困山区，竟然有那么动人的身影、火热的事业、伟大的精神等待我们去挖掘、去歌颂、去传播。

同时，艰苦的条件更是历练了团队的专业能力、个人意志和媒体从业者的社会责任感。

我们节目每一站主创人员的构成包括两部分：一部分来自东方卫视的导演组，他们负责节目拍摄内容的创编；一部分来自湖南中广天择团队的摄制团队，他们负责全面配合东方卫视进行节目的拍摄与制作。

若问起哪一站挑战最大、困难最多，大家会异口同声地回答：云南站马鹿寨村。

可以说，这一站是整个团队的身心洗涤之旅，是一场意志攻坚战役。在后来，我们碰到过比这更苦、比这还难的扶贫行动，但是因为有了宝贵的磨砺，一切都已不在话下。

马鹿寨村是我们整体录制的第二站。彼时，天气依然寒冷。尽管之前已经有了陕西站的初步经验，但当一行人兴致勃勃地来到云南贫困山区进行实地考察时——迎面而来的一切，比所有人想象得还要糟糕。

团队伙伴在风雪中坚持工作

从昆明机场驾车到玉溪市新平县县城需要两至三个小时，再由县城转到村里，还得将近四个小时。虽说对接工作做得足够详细，可进村山路之难，依然令人倒吸一口寒气。

道路狭窄且崎岖蜿蜒，路边往下就是悬崖，道路边上的基本保障设施也不够完善，部分路标没有标记到位。由于气候原因，山区路段常年囤积雨雾，清晨出门上山会让人产生一种错觉，仿佛在云端穿行，听来很是浪漫，事实是能见度极低。

晚上下山更是一场冒险，要是某些弯道上云雾弥漫，并且车速稍快，一旦迎面遇上逆向驶来的汽车，后果将无法想象。这样的气候和地形，意味着整个摄制团队和公益大使们舟车劳顿上山后，几乎没有可能中途另行下山。

从镇里到村子大概有六七十公里的车程，幸好一路随行的司机是当地人，边开车与我们边聊着这些年村子的变化，司机告诉我们，如若不是国家精准扶贫的政策以及对沃柑基地的投资建设，这条公路还不会有如今的路况，前往村子的路途会更加漫长、更加难走。国家为大山里的少数民族可谓尽心尽力，正因为各项政策的扶持，才能让远在村里的村民不再与世隔绝。

因为当地特殊地形的原因，节目组司机只能请当地村民来担任，而节目高强度的拍摄任务让司机疲劳不堪，甚至有几位还闹起了罢工。经过节目组长时间的沟通和数次邀请后，司机们才勉强答应继续工作。节目中出现的每个镜头背后所集结的付出，是观众们难以想象的，这也是精准扶贫节目给我们的一次特殊收获吧。

这一次的前期踩点，是几位女性编导一手完成了信息采集。云南一站的拍摄工作，磨练了我们团队的女性同胞，让她们每一个都成为了独当一面的女汉子。

那次，我们东方卫视的导演左瑞娟在从上海启程飞抵昆明之前，突然联系不上当地的村干部了。落地昆明之后，对方依然没有回应，怎么办？只身一人的她，因为不肯耽搁一点儿功夫，生怕拖累了后面的进程，坚持当天一定要尽量往目的地赶，我推算她到达县城已经是夜里了，建议她第二天白天再去村里，她很倔强，打算自己租车进山，还给我留言说："你别管了！"好在她到达县城之后，终于和那位村干部联系上了。

时间紧，任务重，我们团队的每一个小伙伴都经受了各种艰难的考验，但是他们没人抱怨。湖南中广天择团队的同仁们也说，团队的年轻编导们，尤其那些平时娇小纤弱的"90后"小女生，没有一位喊过一个"苦"字。

除了对编导们体力上的考验，节目录制期间的内容把控和节目录制完成后的成片效果要求同样极高。

每一次踩点完成后，我们的编导需要将当地拍摄可能涉及的具体内容记录备案。相关工作人员需要走访村里的贫困家庭，与贫困户进行深入的交谈，做到对贫困县的具体情况有针对性的掌握，并且从中找到农村精准扶贫工作搬上荧屏后需要呈现给观众的信息点。物色好能够在节目中出镜的代表性人物，以及在他们身上发生的相关事件，这就是为什么每一站摄制任务都需要随行百人以上工作人员的原因。

一系列拍摄前的困难逐一得到解决后，云南山区里浩浩荡荡的拍摄团队正式开始了安营扎寨。本以为万事俱备，不曾想上百名工作人员的住宿问题又成了驻村事宜中遇到的难题。马鹿寨村所处的地理位置尤为特殊，山区在方圆数公里内，只有这么一个村子，假如想要借住邻村的房屋来解决节目组成员的住宿问题，对于完成每天拍摄任务已经是子夜的工作人员来说，需在盘山公路上黑夜摸索近 10 公里，危险可见一斑。

拍摄工作持续长时间且不间断，我们又担心会打扰村民的正常生活，几经周折后，节目组制定了唯一可行的解决方案。

庆幸于拍摄期间正值寒假，当地小学已经放假，把大队人马安排在马鹿寨村的小学宿营不可谓不是一个绝佳的方案。担任后勤工作的负责人竭尽所能准备出 70 张床铺，然而这些仍然不足以容纳全部的团队成员休息。

无奈之下，最后的解决方案是采购更多的被褥和帐篷，一部分人睡在小学的床铺，一部分人员打地铺。

因为床铺特别紧张，两个团队在一起合作，有时难免沟通不畅。作为制片人，我担心的事情可能跟大部分工作人员不同，团队主创队伍中以女性居多，小姑娘们虽然能吃苦，可在各自家中都是掌上明珠，住宿环境恶劣还能克服，但安全问题必须得到保障。于是，我专门找到剧务组的负责人，要求必须先给女性同事解决住宿问题。

学校的宿舍全部分配完了之后，仍有一部分女同事没有地方落脚。

经过各个环节的协调，最后剧务组的工作人员决定把原本存放工作机器和日常物资的储备间规整一番，腾出一半的空间给女同事们居住。到了半夜，姑娘们还未入眠，就听得外面有人敲门，小心翼翼地询问后才得知，是两位男同事饥饿难耐，前来储备间寻找食物。替他们找了两包泡面后，摄制组的姑娘们这才睡去。她们明白，在当时资源极其紧缺的情况下，男同事们能为自己让出一个休息的地方，已经实属不易了。

山里录制的第一晚，公益大使们全部住在村民家里，第二晚则住到了沃

团队大合影

柑园。当时我和胡静同住，睡相简直让人笑掉大牙，我们钻在睡袋里，把整个脑袋埋进被窝，只留两个鼻孔在被窝外呼吸，像住在潜水艇一样。

村里的房子全由木头搭建，可能是修筑年代过长，很多房子的窗户都漏着风，墙壁的裂缝也很宽。夜晚严酷的天气，让仅靠被褥取暖的工作人员感到寒冷难耐。

要坚持在恶劣的生活环境中录制四天三夜，对公益大使们来说，坚持一下也不是难事，可对于每天出镜的女嘉宾而言，要熬过不能洗澡和不能洗头的日子，就不那么容易了。

这是一次对生活能力的挑战。

晚上要上厕所，就必须跑到屋外距离房子很远的角落，山区在夜间还会有动物出没。因为我有过山区拍摄的经验，所以提前从网上购买了一次性坐便器，胡静就像发现了"神器"一样，赞不绝口，起码我们不用夜晚在外面冻成冰棍儿了。

马鹿寨村水资源极其稀缺，这也一度影响了沃柑种植的发展计划。村民们的家里没有安装热水器，即使安装了淋浴设备，供水也很困难。于是，村民在家洗澡只能自己烧水，然后将水倒进大盆里，洗一次澡大概要用家中大锅烧两锅开水。水资源不足加上冬季烧水洗澡的不便，村民们不可能经常洗澡，体谅到这些困难，我们更不忍心因为自己的到来，给村民徒增各种麻烦。

我们明白，这次的远道而来不是观光度假，而是来为马鹿寨村办实事，帮助当地村民精准脱贫的。看着摆在眼前的各种困难，我们每一个人都咬牙坚持，共渡难关，直到把节目顺利录完。

在节目录制顺利收官后，我和胡静想到的第一件事，就是想方设法把四天三夜没洗的头发清理一下。

从昆明飞回上海降落后，已是晚上 10 点，此时离东方卫视的春晚节目录制只剩不到 1 个小时，作为节目现场主持人的我，蓬头垢面地从机场一路狂奔赶赴录制现场。

一方面担心节目组的大堆人马为我苦苦等候，一方面看着自己凌乱的样子，我的内心无比挣扎，当时，我反复与司机交流，计算着是否还有时间路过家门口，暂停片刻，容我回家洗个澡，平时的常规操作在那一刻都变成了一种奢望。在与节目组导演取得联系后，我在附近找了一个小旅馆，洗净一身的尘土，马不停蹄赶去录制东视春晚。

同事告诉我，一行人结束完拍摄到达县城的时候，胡静突然"失踪"了20多分钟，怎么也联系不上，可把大家给急坏了。原来，她实在是忍受不了了，到了县城一见有小旅馆，立刻进去洗了个头、洗了个澡，也没敢多耽误大家的时间，只是"消失"了一会会儿。

事后看来，一切回忆都有着充实和满足的美好，然而，任何语言都难以概括当时的艰辛。

精准扶贫朝夕必争，精准扶贫又须持之以恒，为了让贫困地区形成一种持续性的经济发展，我们不畏艰险，不怕困难，只有一腔热血，满腔豪情。

十九大报告指出，从现在到 2020 年是中国进入全面建成小康社会的决胜期。"我们在行动"是责无旁贷的使命，是克难攻坚的奋斗。面对庄严的承诺，《我们在行动》绝无退路，只争朝夕。

# 每次出发，都是无怨无悔的热血征程

在国家第五个"扶贫日"到来之际，习近平总书记指出："实现第一个百年奋斗目标，重中之重是打赢脱贫攻坚战。已经进入倒计时，决不能犹豫懈怠，发起总攻，在此一举。"

当扶贫进入攻坚拔寨的冲刺期，成败系于精准。作为全面建成小康社会前"最后的战役"，时间紧、任务重，必须集中优势兵力、破解"深困之难"，加快实现贫困人口精准脱贫，确保全面建成小康社会，一个都不能少。

《我们在行动》第一季时，一行人到达目的地附近的主要城市后，转车两到三小时可以到县城，再过顶多一两个小时可以到村里。

到了第二季，从城市到县里、从县里到村里的路程整体耗时多了一倍。在云南省金平县那一站，一行人是早晨出发、半夜到达，这意味着那些零片酬参与节目的嘉宾，前后要用时五六天来拍摄一站节目。大家的投入程度之高，可想而知。

曾经有团队导演忍不住问我："我们怎么就越跑越远、越跑越偏了呢?"

稍作细想——在国家精准扶贫战略的稳步推进下，离城市近的地方都脱贫了，大家当然只能去趟深水区、啃硬骨头了。

执行制片人何毅超介绍了这样一个细节："每下到一个村，如果说从机场到目的地的车程不到4个小时，我们基本可以判断那个地方是不穷的。我们去到的这些扶贫村落，一般坐汽车需要4到5个小时以上，有的是7到8个小时。一段高速，再转国道，再转省道，路上花费的时间特别多。根据我们的总结，贫困还是和环境闭塞有关，交通不便、信息不畅，无法及时跟上外界的节奏，所以才会落后。"

在河北省张家口市阳原县揣骨疃镇前期踩点时，先行到达的导演对我说："蓉姐，这一站不适合，人太少了，一个村子就几十户人家，另外一个村子就一户人家。而且这里只有老人，连小孩都很少，更别说年轻人了，老年人和我们语言都不通啊！"

我追问："他们穷不穷？"

导演回答："真的很穷，甚至是走过这么多站我们没有见过的。"

按照电视媒体的制作思路，节目一定是要拿故事打动观众的，讲故事不能没有主人公，人越多，可供选择的素材就越丰富。

我告诉团队的小伙伴："我们要知道，越往后拍，能够拍到的年轻人的素材、好产业的素材会越来越少，往后接触的那些还没脱贫的，基本都是没有抓手的，我们就要大胆尝试这样的节目怎么做。这其实反映了我们的脱贫现状，为什么不把现状给大家看呢？也许暂时没有解决问题的完美答案，但是我们可以用镜头去告诉观众，去告诉政策的制定者，这样的村落该怎么办？是进行拯救还是让它消亡？我们果断留下来，该怎么呈现就怎么呈现。"

破解"深困之难"的第一步，就是一定要找到贫困的腹地。《我们在行动》的工作，就是一场极致的跋涉之旅。

第三季的最后一站，我们克服重重困难，走进了素有"世界第三极"之称的西藏日喀则市。这本是一次令人望而生畏的摄制，制作成本高、调度难度大，加上需要克服高原反应，很多情况不可预知，但是我们还是义无反顾。西藏是中国精准扶贫的重点地区，属于"三区三州"，而且是全境贫困。如果我们做到第三季都还没去过西藏，那自己在内心说不过去，因此再艰难，都要去挑战。

回忆起这一路，东方卫视执行导演高峰的言语中更多是自豪："我们开拍的第一站是陕西，在那里，我们遇到了百年一遇的大雪，当时真的下得让人绝望，因为一下雪，高速就封路了，有位嘉宾赶不过来，这样我们的节目就没法拍，因为只有三天两夜，后来只好边拍边等。在南疆拍摄的时候，气温高达40度，一眼望过去，都是戈壁荒漠，植物很难见着，水也没得喝，回来之后，我们同事问你怎么黑成这个鬼样子？就是紫外线太强了，特别特别地热。这些经历，可以让我们吹牛一辈子。"

我们从关中风雪启程，见识过大雨滂沱，经受过高原反应，感受过沙漠酷热……当然，这一路也见证了祖国山河之辽阔、物产之富饶、风情之多样。

小伙伴们可以头一天还在上海，第二天就到了云南边境。每一次出发，都是说走就走的热血旅程。高峰向我展示过他的航旅纵横，过去一年间，密密麻麻的行程线，遍布了从南到北、从东至西，"一年飞了8万公里，这还不算火车、汽车、行走的路程"。

高强度，意味着始终处在奔忙状态。

执行编导晏世涵的 2018 年，几乎都在《我们在行动》项目上连轴转。从 1 月份接到这个项目开始，他一共参与了 10 站，连婚姻大事都是在这期间"见缝插针"完成的。

"我总是在出差，双方家里总是追问，到底什么时候结婚？我也很无奈，天天在外面，要不在这儿，要不在那儿，怎么谈这个事情呢？第二季杀青之后，我 10 月 1 日一回到家，我爸就直接把我抓住，你从现在开始，什么都不要做，你就告诉我，你哪天结婚？"

"我们做节目的人，做事都特别有规划，总觉得凡事应该布置得井井有条，预订酒店、安排婚车、邀请朋友、拍婚纱照……这些在我眼里就像排项目一样，怎么能急呢？可是确实时间不够。"后来，还是他的爱人深明大义，扛起了婚礼的安排布置。

2018 年 12 月 8 日，晏世涵和爱人举行了婚礼。12 月 10 日，他接到第三季筹备开拍的任务，满怀歉意又马不停蹄加入了工作。

他对我说："参与《我们在行动》的过程，横跨了我们见双方父母、订婚、结婚的全程。去到的地方都很偏远，所以耗时特别长，很难兼顾到家里。好在家人给予了支持和理解，有些遗憾，也有收获。未来想起 2018 年，应该会觉得别有意义吧。"

工作耗时为何如此之长？第一是点比较多，第二是面比较广。而且和其他节目有所不同，我们的工作是逐层摸查的过程。我们先要到县，再到乡，再到村，包括贫困数据、产业现状、人物故事，全部都去地毯式地了解一遍。如果中途不顺利，一切工作就得从头来过，量级非常大。

在青海站，我们最先去了海北踩点，紧接着赶往了玉树，发现玉树地区的牦牛产品最需要帮助的在治多县。治多县是全国贫困程度最高的县之一，地势高耸，平均海拔在 4500 米以上，一同去踩点的团队成员第一次体验到了高海拔带来的困难。甚至有编导逗趣说自己来到这里，才知道了什么是"沟通基本靠吼，交通基本靠走，取暖基本靠抖"。

治多县是一个纯畜牧业的县，踩点人员打算先找一个最贫困的村，之后在当地相关工作人员的带领下按照就近原则走访村民。

然而，当我们确定要去周边最近的村庄时，当地的工作人员口中的"不远"，已经超过了 100 公里，户与户之间开车也有十几分钟的路程。后来，有一位编导拿出了卫星地图查看了治多县的实际面积，发现治多县共辖 6 个乡，土地总面积 8.02 万平方公里，相当于中国最大的直辖市重庆的面积。

虽说任何困难节目组都能克服，唯独生理不适的不可抗性，让我们最终不得不放弃了在治多县的拍摄。即便最后选择了海拔相对低一些的青海达尔羊村，团队仍有一些人员出现了高原反应。大家迎难而上，一边积极配合医生调整自身状态，一边没有任何耽误地完成了拍摄任务。

在高原上，不仅人会出现高原反应，连设备、车辆也会出现问题。最明显的就是电池的使用时长被大大缩短。这可就苦了音频组和特种设备组的同事，为了拍摄过程中不出现断电的情况，他们无时无刻不盯着设备的电量，频繁地更换电池，以保证节目流程的顺畅，而更换下来的好几百颗电池，尚能日常使用，全都送给了当地的学校，在时钟和遥控器上还能用很长的时间呢！

在条件恶劣的地方，一旦遇到雨雪，容易导致车辆爬不上坡，进而发生

团队大合影

侧滑。每每为了避免车辆在路上遭遇临时状况，我们的工作人员只能在繁重的工作下选择提前出发，万一路上出现问题，还能及时调整。

这一路，大家一起推过车，溅过一身泥，摔过无数跤……向每一个扶贫攻坚的目的地进发的时候，我们从不说放弃，亦不言后悔。

在广西桂林地灵村的山上，拍摄那几天一直都在下雨。

出于设备和安全考虑，平日里，只要下雨打雷，当地的电力电信单位会自动开启保护措施，整个村子都会停电断网，包括电信联通移动无线网络信号，但是拍摄中不能出现这样的情况，这给拍摄带来了巨大的压力。

同事们想方设法，协调当地的电力部门租了一台发电车得以解决用电问题，但是没有信号，沟通成本瞬间加剧，有时要找一个人，只能靠着大家互相传话。不过，这些最终还是都被克服了。

所有的这些遭遇，是在城市拍摄工作中很难遇到的。但在闭塞的贫困山区，这些都是村民生活的日常。此行遇到的一切挑战，每每磨练着节目团队的意志，甚至激发着我们开始重新思考人生、看待社会，审视将来。

高峰说："平日里触手可及的幸福，在那些时刻变得尤为珍贵。参与这个节目对我最大的影响，就是会更多地教育下一代懂得珍惜和爱。生活在这个城市里，其实是非常幸运的，这也是我总对自己说的话。"

# 扶贫先扶志

习近平总书记在中央扶贫开发工作会议上指出，脱贫致富，终究要靠贫困群众用自己的辛勤劳动来获得。如何走出"人穷志短"的误区，激发内生动力，是确保打好脱贫攻坚战的关键所在。

用纯粹真心为农民脱贫。《我们在行动》将"扶智"与"扶志"紧密结合，拿出和贫困地区百姓并肩战斗的姿态，扎扎实实地成为精准扶贫的一线实践者。节目不仅完成了电视媒体从创新到突破的扶贫壮举，也探索出从产业扶贫到梦想扶贫的公益升级，不断放大媒体扶贫的力量，拓宽电视公益的边界。

在我看来，《我们在行动》集中解决了三个问题：首先，充分释放电视媒体的公信力和展现力，深度参与扶贫工作；其次，全景展现扶贫工作，向观众展现真实的农村，真实的贫苦，并通过明星、企业家出谋划策，以产业的方式解决实际贫困问题；同时，通过扶贫的力量，让更多人回到农村，让人们在物质精神两个层面得到满足，让家成为有梦想的地方。

由于地处偏远，许多村落还保持着原生态的模样，与现代经济发展脱节。通过《我们在行动》，观众发现虽然疾病和劳动力不足是造成深度贫困的两大重要成因，但让人备感唏嘘的是，一些村民因为文化程度不高、观念过于保守以及内在动力不足，"精神贫困"成了扶贫路上最大的一只拦路虎。

第一季和第二季执行总导演李诗竹感慨良多。"扶贫，关键还是要解决人的问题。针对这一点，中央层面的许多政策、举措已经在积极做各种引导和推进了，但当我们深入之后，切实感受得到，一个出色的产业带头人、脱贫带头人到底有多重要。中国农民几千年来一些根深蒂固的意识，外来者是很难去改变的，如果在他们身边就有这么一个典型、一个榜样、一个触手可及的例证，自然会对他们从思想到行动都产生潜移默化的影响。可惜，目前一些地方还欠缺这样的内生动力。"

习近平总书记说，幸福都是奋斗出来的。对贫困地区的群众而言，追求美好、创造未来的信念特别重要。

所以，在刘卓挂面、在诺玛飞鸡、在广西红糯、在河北跑山黑猪、在巴楚留香瓜、在云南彝绣的故乡，那些为了改变村民命运四处奔走的身影，为当地的产业经济发展注入了巨大的活力——当《我们在行动》到来的时候，恰如火苗遇到了微风，趁势而起，效果斐然。

一腔热血远赴贫困地区扶贫，最让我们感到煎熬的是什么？答案是：信任危机。

在新疆巴楚县琼库尔恰克乡25村，我们经多方走访和取经后，将留香瓜确定为当地的扶贫项目，并邀来隔壁4村的种瓜能手，希望能在25村普及先进科学的小拱棚技术，公益大使挨家挨户向瓜农传达用新技术种瓜的想

云南彝绣

法，诚意邀请大家一起加入，响应者却寥寥无几，即便前来围观的，也抱以怀疑态度。

两种思想成了拦路虎：一种表示还是愿意沿用祖祖辈辈传下来的老传统；一种认为新技术增加了前期成本投入，存在风险。哪怕我主动提出这些拱棚可以免费赠送，他们也将信将疑。

满腔热情被泼了冷水，公益大使们有些挫败，却并未放弃，大家决定用实际行动说服大家，于是冒着烈日埋头劳作，继续认真示范小拱棚技术。担任上海援疆公益项目负责人的当地小伙小艾忍不住对大家说："这些客人特地来帮我们做，他们做这些事情不是为了自己，而是为了让我们致富，过上更好的生活，我们一起做可以吗？"

峰回路转。先前不为所动的村民们逐渐聚拢过来，加入搭建拱棚。本地姑娘麦迪娜也用维吾尔族语言鼓励大家："互相帮助一起努力才能共同富裕，团结力量大！"

一路走来，我们深知，造成贫困的原因是历史性和本源性的，拔除"穷根"不是一蹴而就的过程，只有让他们自己成为脱贫攻坚战役中的主角，这场仗才能真正打赢。否则，无论如何完善基础设施建设、引导特色产业发展，全国人民如何伸出友善援手，那都只是"输血"而非"造血"。

整个扶贫过程中，我们切身感受到了两股思想阻力：

第一种，是传统与现代、落后与先进的碰撞。

很多农民沿袭着古老的种植技术和养殖方式，比如我们在青海，当地藏民非常不能理解，为什么要把牦牛这种"高原之舟"圈养起来，然后不仅要喂它草，要喂它精饲料，传统方式饲养至少要三到五年，你们现在告诉喂一年就可以出栏了？他们不能理解，因为这样背离了他们的生活方式、思想观念，当时两种声音像辩论一样争执了好久，我们最终打算将草饲和谷饲结合，做了一种混合饲养。

这个过程不存在谁对谁错，而是人的意识需要一个转变的过程。每到一地，我们都要求建立科学化的生产、管理和品控体系，毕竟这些产品是要流通到城市的餐桌上去的，质量标准需要建立，生产过程需要规范。一次次去游说，过程真的非常艰难，想要精准对接市场，这都是必须要做的功课。

包括我们苦口婆心劝说土地流转，劝说加入合作社……在三天两夜的录制时间里，真正能够打动的村民只是一部分，但是节目播出之后，当他们切实看到了效果，得以站在一个第三方，或者更宏观的角度来看待整件事，思想又会得到触动。我们经常接到所经之地扶贫干部打来的电话，他们表示各种感谢，这也让我们感到非常欣慰，能够改变一些人的想法，那么就有可能改变一代人甚至几代人今后的生活。

第二种，是安于现状和刻不容缓的博弈。

精准脱贫，是一项时间紧迫的战役，当全国上下都群策群力积极推进的时候，仍有一些地区和个体的思想停滞不前，这也是让我们团队偶尔觉得无奈、甚至无力的地方。

在一些深度贫困的地方，部分村民并不觉得日子多苦、下一代多读书有多重要，反而觉得开心、平静、知足。让他们去参与种植、积极劳动，一年可以多赚几万块，他们没有欲望。其实越到后面，你越会发现，留下来的贫困户都是"硬骨头"。我们百般劝说，他们也许会觉得你很投机——你凭什么用三天的时间，就决定我接下来十年要做的事情？

每当谈到这些问题时，节目组每个人都有说不尽的故事。但大家更多选择了体谅和理解。这些淳朴的村民往往囿于自身的想法，或者陷于当时的难处，不会考虑得太过长远。对于这一点，每一个公益大使和团队成员也能够换位思考，理解他们的决定，这也让我们明确了"扶贫先扶志，扶贫必扶智"的重要意义。而且，扶贫也要讲究以人为本，先富者在带动后富者的事业中，不乏面对多重压力，致使最终有心无力的情况。因此也要做好相应的扶贫后勤工作，毕竟有了和谐，才能夯实幸福。

在组织订货商和销售环节，节目在推广营销中为了将村民手中有形和无形的资本合理且安全地变现，既要有长远的规划，也要能解他们的燃眉之急。经过几站的观察，我们发现销售额是短期内扶贫最直观的成绩体现。同时，团队成员也愈发感受到产业联动的重要性，不论是村里的企业，还是村民合作社，越是规模化的生产方式，就越能平稳有序地实现创收和增收，为村民的生活带来保障，为贫困村的建设注入新的活力。

让先进的思路、领先的格局和惠民的政策能复刻入脑，铭记于心，在今后自主扶贫的延续性上做好前期的铺垫，是《我们在行动》一直追求的目标。

走过的每一站，节目不仅要让落后的现状如实被大众看见、听见，更用自己的脚步去丈量、用双手去建设、用智慧去思考，全身心投入轰轰烈烈的扶贫事业一线，令观众切身感受到"行动"二字的十足诚意和分量。

河北站担任名誉村主任的企业家潘石屹，在竞选时从自己的家庭出身切入，感人肺腑，引人深省。

40 年前，在甘肃天水潘石屹家是当地最贫穷的一户人家。潘石屹的妈妈生完孩子后，就瘫痪下不了床，他有两个妹妹不得不送给别人家养活。至今他还清晰地记得，自己的小妹妹刚出生，就被送到了别人家里，"我的小妹妹被送给这户人家的条件只有一个，就是这家人只要有一头羊，可以让我的妹妹喝上羊奶就行了"。另外一个妹妹长到三岁半，也被送出去了，"送出去的一年时间里，我的母亲天天晚上做噩梦，这就是母女情深，最后我不得不把这个妹妹徒步从陕西背了回来，终于解开了妈妈的一个心结"。

陈蓉、蔡国庆、乔振宇、朱旭东行走在田间地头

这是一段尘封已久的贫苦岁月的伤痛记忆，潘石屹第一次在公众场合提及，他用极具冲击力的恳切讲述，不仅震撼了全场听众，也印证了潘石屹扶贫助农的决心。

贫困，也许是很多悲剧的开始。潘石屹用自己的故事和发生在自己村子里的故事，继续鼓励着村民们。如今，经过不断努力，他们村子已经富裕起来了，村民最大的收入来自苹果。在潘石屹的帮扶下，他代言的"潘苹果"每年销售额在两个亿左右，靠一个产业就彻底改变了村子贫穷的面貌。

潘石屹用本村的成功继续向村民鼓劲。如今条件更好了，政策更多了，帮扶的力度更大了，为何不努一把力，改变现状、挥别过去呢？

如果不破除"等、靠、要"的思想，精准扶贫的目标就不可能如期实现并持续巩固。

在云南新平县马鹿寨村，不少村民一度对土地流转、种植沃柑心存观望，宁可抱着一亩三分地。为了做通他们的思想工作，树立产业脱贫的信心，我们四处奔走，根据不同的致贫原因分类施策，效果显著。

在贵州省务川县官学村，企业家郁瑞芬从自己艰辛的创业角度开讲："各位乡亲们，我也是农民的孩子。20岁时，我怀揣着3000元从江苏南通到上海开始创业，至今应该说我的企业是做休闲连锁规模最大、品相最好、品质最高的市场品牌。官学村这里有好山好水，又有这么多年轻人在。村民们只要像当地的蜜蜂一样勤劳，像蜜蜂一样分工合作，一定能够把本村的经济搞上去。作为企业家，我义不容辞地应该去帮助在座的各位，把工作做好，不辜负所有人的期望。"

嘉宾与团队成员在草垛旁合影

　　我们几乎一直在走街串巷，也走访了很多村民的家，我想，我有一个非常重要的任务，就是了解当地村民的各种生活习惯，找到贫困的原因，以及找出可以帮助他们的方法。看到整个村的面貌之后，我还是很揪心的，很希望他们跟着时代的进步一同进步，跟着我们生活的变化一同变化，我希望把先进的想法，把产业扶贫的理念，带到这些村子的角角落落。

《我们在行动》以真诚的态度、扎实的作风，在向全社会进行一种正能量的传递，实现了从"物质帮扶"到"精神帮扶"、从"产业扶贫"到"梦想扶贫"的升级。

纵然扶贫这条攻坚之路满是泥泞，但只要内外协心，就能一路阳光，清风自来。

# 留一笔品牌财富，
# 种一份脱贫希望

经过改革开放四十年的积累，中国经济已经迈过粗放追究数量的阶段，正在轰轰烈烈开启品牌经济的大门。品牌创建，也因此成为精准扶贫的新引擎。

2017 年，在国务院扶贫办、农业部等部门的指导下，"一县一品"品牌扶贫行动在北京启动。"一县一品"选择品牌作为振兴贫困地区经济的抓手，通过打造区域品牌，提升贫困地区农产品的附加价值，进而为贫困地区带来持续稳定的经济收入。

责任在肩，义不容辞。如何在实际行动中整合政策、资本、媒体、渠道等多方资源，为所到之地打造并且打响一个特色品牌，正是《我们在行动》的重要工作方向。

媒体的参与度该体现在哪些方面？

如何集结社会各界资源帮助到贫困地区？

怎样能把农产品卖得更好，增加农民收入？

我们思考得最多的，不是收视率的高低，也不是哪个环节才是观众的兴趣点，而是扶贫工作中实实在在需要解决的问题，通过节目，让人们关注贫困地区，吸引更多人参与精准扶贫工作，这是传统电视媒体践行公益行动的一大优势。

节目努力突破的一大关键点，是如何为贫困地区留下有影响力的品牌，以及可持续经营的产业，而不光是节目制播期间的短暂效应。我们运用节目的策划力量、平台力量，嫁接社会营销，将现场发布会的场景做成更容易被大众传播和发酵的视频，让更多人关注到当地的实际情况和特色产业。

在海南省白沙黎族自治县对俄村，我们打造了一款名为"来自星星的礼物"的礼盒，内含种植在陨石坑上的茶叶和咖啡。同时，我们还齐心协力举办了一场别开生面的产品发布会。

考虑到对俄村的很多贫困户小孩很少有机会接触外面的世界，本次公益大使企业家代表、亿航白鹭董事长石哲元借用自己公司的无人机编队表演，让他们能更多地了解和感受外面的世界、开阔眼界。

发布会上，1000架无人机在白沙县牙叉镇文化广场陆续升空，像点点星光交织在一起，随后变幻出"我们在行动"等字样，以及"茶""咖啡壶"等造型，点缀着夜空。

在云南金平县的公益行动中，节目组打造的产品是"诺玛飞鸡"。我们注意到，当地养殖人员多数是少数民族女性，她们身着少数民族服饰，佩戴漂亮头冠，传递出积极乐观的生活态度。于是，我们特别邀请来自上海的旗袍姐妹组合，和当地妇女代表共同表演了一场精美绝伦的 T 台走秀，不仅完成了服饰文化的展示和两地情感的交流，也为当地农产品做了有效的宣传。

在新疆喀什巴楚县，郭涛作为名誉村主任，在实地考察尉头国景区后，提议结合丝绸之路的文化背景，在这里做了一场主题为"留名丝路，香传千年"的发布会。大家一致赞同"穿越时空场景体验"的方式，王景春与麦迪娜分别扮演国王与王后，袁岳扮演商务大臣，郭涛是礼仪官，我是"长安客商"，当地的村民也友情客串。热烈的产品发布会现场，麦迪娜接受巴楚县委邀请，担任本地扶贫公益大使。

在云南楚雄州武定县半山村，节目探索非遗文化彝绣的发展路径，为当地带来超过 500 万元的代销订单，还带领绣娘们走上《妈妈咪呀》和东方卫视春晚的舞台，让更多人看到彝绣之美，以及浸染在一针一线间的女性力量。

每一站，节目都从传播效应出发，希望将之包装成一次次创意十足的营销事件，进而将每一站的助农行动推向高潮。节目播出之后，这些满怀真情、尽显新意的视频在网上引起各路网友广泛围观，借由网络的裂变效应，让山区品牌插上翅膀，飞到天南海北，凝聚更多的脱贫希望。

《我们在行动》的公益目标，已不仅是卖掉一类农产品，达到某个销量可观的数据，而是通过有创意的形式帮当地建立一个品牌，用这个品牌再去开拓其他农产品，形成持久良性的产业链。在如何包装品牌形象、讲好品牌故事这一环节，明星效应功不可没。

《我们在行动》第一季第二站，节目在云南马鹿寨村缔造了一个响当当的沃柑品牌"阿哒的柑"。在当地方言中，"阿爹"读音为"阿哒"，为了进

嘉宾袁岳在农用机旁

一步丰富品牌形象,钟汉良手绘了以沃柑为原型的 Q 版插画,还在走访中用镜头搜集村民们的笑脸,作为在订购会上的品牌包装元素。

尤为用心的是,钟汉良的工作团队还特邀了顶级厨师,与他共同研发了 4 道与沃柑有关的菜肴,以及一款沃柑果酱。经由钟汉良在节目中的现身演绎,"阿哒的柑"充满了诱人的气息。节目播出之后,效果惊人,仅用了 16 天时间,来自云南新平县马鹿寨村的沃柑全部售罄,销售超 150 吨,金额超 600 万元。

不仅如此，马鹿寨村这个原本不知名的一个小山村，瞬间成为了"网红村"。自 2018 年 1 月到 2018 年 3 月底，最高曝光量增长超过了 2700%。同时，原本只知褚橙、无关沃柑的哀牢山产区，也因为《我们在行动》的到来，以及我们所有公益大使的卖力宣传，声名远播。如此巨大的关注度，对这些地区的后续发展来说，能量惊人。

每每在节目录制和开播期间，各位公益大使也不遗余力通过微博卖力为品牌打 Call。网友们留言："好样的，就是要你们这样的明星为榜样！""希望明星大咖们看到后都能帮助村民脱贫致富！"

节目做得越深入，遇到的障碍越多，难度越大。这是一档需要集结社会各方资源的节目，当地拍摄需要得到政府的帮助和支持，产品销售需要找到靠谱的服务商、长久的销售渠道，品牌建立需要借助媒体的策划能力和传播力量，这些都是各方配合的结果。

第一季做"订货会"时，合作伙伴帮我们解决线下销售、订货问题，但第二季改成了"发布会"，节目组需要自己去做这件事，过程中遇到很多挑战，比如，购买的数量如何更集中、更大额？如何打通整季的产品销售渠道，而不是一款款产品去对接？这都需要社会资源的配备。所幸，前几站都理顺后，节目组不必再为节目以外的工作耗费精力。到了第三季，"蚂蚁雄兵"的社会力量继续集结，我们一举创下了销售额过 7000 万的惊人成绩，三季节目合计销售额过亿。这让我们更加憧憬接下来的第四季，还有更多的奇迹，等待我们一起去挑战、去实现。

电视扶贫如何做到有效且打动观众？我认为，不仅要展现农村贫困问题，更要让观众看到这片贫瘠土地上的希望。产业扶贫是能真正帮助贫困户，让他们的钱袋子迅速鼓起来的有效方式。因此，节目组所选择的产品基本是城市生活中需求量最大的快消品，容易在短期内见到效益。

沿着产业扶贫这条主线，《我们在行动》持续丰富着一条新的支线——通过讲故事的方式，释放榜样的力量。

节目中的榜样则分为两类，第一类是每个村子的扶贫带头人，他们中的很多人带着城市学习到的生产管理销售经验回到村子里，在节目组的帮助下，一起建立当地品牌。通过树立榜样人物，可以号召更多在大城市学到本领，见过世面，有一定管理营销能力的人回到农村，建设家乡。

第二类榜样则是明星和企业家，除了他们本身就具有的号召力和影响力，节目也不断深化呈现他们在扶贫工作中的体验和感悟。一开始，公益大使多数时候的体验仅限于一个环节、一个瞬间，逐渐地，我们赋予他们合作社工作人员、老师等新的身份。当他们带着特定身份、特殊使命完成任务时，就能深度融入情境，迸发真情实感，更具感染力和传播力。例如在湖南站拍摄时，明星嘉宾凌晨3点就要起床去挖百合，甚至还遇到了蛇，这种体验更加生动真实，更易打动观众。

带着一种深度融入的钉子精神，《我们在行动》和村民血脉相连，和山区携手并肩，踏实走在推进脱贫攻坚的路上，切切实实为贫困山区挖穷根、开良方。

一路走来，绝大多数的品牌都是我们自主包装，甚至自主挖掘的。当我们离开的时候，就将这些品牌留给当地，由他们自主经营，比如阳原的原上皇小米，这个品牌由整个阳原县的小米共享，我们的目的就是可以用品牌的力量帮助到当地更多的人。

来的时候，携满腔热血；走的时候，留美好希望。

虽然宣传做出去了，品牌形象建立起来了，销售渠道也打通了，但从长远来讲，各方因素会影响产品能否持续发展，电视媒体的力量是有限的，还要靠社会各界的共同努力。维护好产品，需要产品服务商为农村合作社做好品控监督；打通销售渠道后，特别专区上线的产品永远不会下架。同时，节目组还多方邀请和推广，让贫困地区有了稳定集团客户，这些，都将助力扶贫工作持续运转，人走茶不凉。

# 悲悯，而不悲情

这两年，"滞销大爷"成了一幅刺眼的画面。

许多网友调侃："打开购物平台，输入'滞销大爷'，你会发现，同一张悲情而焦灼的面孔出现在各个商家店里的首图中，苹果、花生、大蒜、菠萝……乍一看，大爷产业真不少，一年流的泪可以灌满整个太平洋。"

许多商家打着扶贫的旗号，以"滞销大爷"博取关注和同情。纵然真是扶贫，这种以泪水换流量的途径，终究不是长远之计。

一说起扶贫，大家在脑海中似乎自动会浮现出各种悲伤的故事、惨痛的际遇。《我们在行动》从一开始就确立了一条原则：悲悯，而不悲情。

《我们在行动》关注的是贫困山区，但情感的联结实则辐射了广阔的城市，无数远在他乡的游子看到这档节目的时候，内心一定是百感交集的。在情感的取舍上，《我们在行动》用的是一种温暖、积极的基调。

在展示乡土情怀的时候，节目主张的思路是"身在他乡的我，思念仍在故乡的你"，一定要避免让观众背负"人情的枷锁"。其实我们会觉得，你的脚步

静谧的乡村

可以在大地山川上各种迁徙，但是心中一定要铭记自己到底是从哪里来的。所以，更多的时候我们选择围绕这样的主题，不要忘记亲人，不要忘记故土，不要忘记亲切的乡音和儿时的味道。即便面对在城市长大的孩子，我们也有义务让他们知道什么是故乡，否则，以后大家的所有记忆就只是城市的高楼大厦、钢筋水泥了。

深入山村，我们感受着贫困村民们的淳朴与坚强，也感慨着他们的无奈与渴望。节目不惜笔墨，塑造了许多生活的强者，他们的乐观、勤劳、坚韧、梦想，深深感染了电视机前的观众，也让广大群众对于脱贫一线的人物群像，有了更细腻、更直观、更多元、更深刻的认识。

在贵州省务川自治县大坪镇官学村，我们在调研走访中，看到了一个拄拐蹒跚行走的孤寂身影，他正是村里的贫困户邹冬林。在交流中获悉，邹冬林的双眼得了间接性失明，没有任何光感。

他的家中虽说狭小，却干净整洁。公益大使邹市明和邹冬林推心置腹地聊了起来，邹市明摘下眼镜，指着自己的左眼说："邹大哥，其实我的这个眼睛和你一样，也看不清楚。我知道您看不清楚的那种感受，你的眼睛是怎么造成的？"

接着邹市明的话头，邹冬林娓娓道出了自己的故事。因为贫穷，他舍不得花钱，第一次治疗好一点后就没有去复诊，导致了现在的双眼失明。也正因如此，妻子留下孩子，离开了他，大家从邹冬林的脸上看到了难以言表的痛心。现在的他，已经学会了坚强，他坦言："虽然眼睛瞎了，心里一定要明白，为了年迈的母亲和孩子，一定要坚强。"

接受采访时，邹市明感慨："我觉得从一个男性的角度来理解，他可能内心有很多的苦，但他已经接受了现实，不郁闷，更不去埋怨，只是想把每天过好。我觉得他的内心非常强大。"公益大使在同情邹冬林遭遇的同时，无不为其坚强而鼓掌。

农民对土地的珍惜、对文化的信仰，让观众心生敬畏，土地养活不了他们的困境，自然会让观众升腾起一份众志成城的凝聚力。即便在聚焦苦难时，我们也没有贩卖泪水、过度煽情，而是保持着一份理性的克制。

在河北阳原县帅家梁村，当得知村里没有小卖部，一些腿脚不便的老人没办法采购生活必需品时，公益大使们自告奋勇地拿着购物清单前往超市代劳，还贴心地为老人买了几箱牛奶。

这一路扶贫跋涉，我们见过了太多需要改变的人们，尽管贫穷是他们共同的特点，时常心生不忍的公益大使也没有直接选择金钱帮扶，或是送上一对助听器，或是送上一双运动鞋，或是送上一部点读机……每一份心意的礼物，都饱含关切，更充满祝福。

生机勃勃的蔬菜基地

扶贫带头人是《我们在行动》重点关注的对象。在塑造这类榜样人物的过程中，节目没有去片面刻画他们的高大，而是走进他们有血有肉的生活，倾听他们在脱贫路上的喜怒哀乐，从真实诉求出发，一同去寻找带动当地经济发展的解决之道。

官学村养蜂带头人邹华，人称"歪哥"，他还是一名共产党员，成立个人独资企业后，家里经营着 200 多个蜂箱，已经带着 50 多户养蜂人开始了科学养蜂。节目中，这位匠人的精神和情怀打动人心，他每天都需要精心照顾蜜蜂，一天平均被蜇 100 多次，一年 365 天的辛勤劳动只为秋蜜的产出，"你喜欢它，就不觉得辛苦"。

在河北省承德市丰宁县十七道沟村，养猪带头人孙喜国跟我们说："在我儿时的记忆中，黑猪肉最是美味。17 岁那年我就外出到北京打工，靠着做木材生意，渐渐积累起了第一笔的财富。打工在外尝过那么多美食，儿时的那一道黑猪肉，却是什么美味都无法取代的。"

三年后，他再一次回乡时，看到从小生长的地方依旧贫困，家中的耕地逐渐退化荒废，青壮劳动力纷纷外出寻找更多的工作机会，记忆中的家乡光景已不复在，孙喜国惋惜不已，决心尽己所能反哺养育自己的家乡，投身黑猪养殖产业，整合并开垦土地，希望有朝一日能够让村子重新焕发儿时的生机。

然而，妻子田大姐却为他操碎了心。在妻子眼中，孙喜国身上有一种成就感和停不下来的使命感，在北京做木材生意几年的积蓄，已经全部投入了家乡的产业建设中，不仅如此，孙喜国还跟身边的亲戚开口借钱，才勉强凑齐了 600 万的建设经费。巨大的经济压力，让田大姐面对镜头一度泣不成声，这是一个妻子对丈夫的关心，也是一个家庭对冒险的忧虑。见到这一切，《我们在行动》唯有拿出"只能成功，不许失败"的劲头，才能不负这些勇敢的人们。

在公益大使的号召下，在节目效应的带动下，加上村民的支持和热情，田大姐逐渐打消顾虑，愿意试着做出改变，和丈夫携起手来，共同创业。

奋战在扶贫一线的干部们说，"带着真感情，才是扶贫人的真情怀"。在帮扶贫困山区的过程中，扶贫队伍需要真正融入农村这个大集体，直面农民群众的重点、难点和焦点，用真心赢得真情，以踏实获得信任，切忌将"扶贫"当成"怜悯"。

"卖东西、找工作、帮看病、促亲情，"节目联合制作方、中广天择战略合作中心总经理唐剑聪如此概括节目进行的扶贫工作，"一路摸索中，我们的扶贫方式不断多元化，不仅要通过市场力量帮助贫困地方销售农产品，实现物质层面的满足，还要通过软实力的提升，让他们在精神情感上得到慰藉。"

出现在《我们在行动》镜头里那些渴望改变的面孔，无一不是挺拔的姿态。当施助和受助的双方达到精神层面的高度契合，再难的公益项目都会带有一种明朗的色彩。我们致力于通过实际行动，让贫困山区的村民以有尊严、受尊重的方式脱离贫困，用积极有效的精准扶贫，擦去悲伤的泪水，唤回更多的笑脸。

广电总局宣传司司长高长力曾如此评价《我们在行动》："通过脱贫攻坚，解决贫困山区的物质困难，一定可以完成，但是精神世界的脱贫是我们这个民族更长远、更艰巨的任务。构建中华民族精神的大厦，需要鼓励这种悲悯之心，号召大家携起手来，不让一个人掉队。在这一点上，这个节目有非常重要的现实意义。"

# 在孩子们心头"种太阳"

"你想妈妈吗?"

"没得。"

"爸爸呢?"

"没得爸爸。"

这是公益大使陶昕然与湖南省龙山县石牌镇城堡村青山小学一名3岁小男孩之间的对话。其实，小男孩不是没有爸妈，只是他爸妈常年在外务工，小男孩的脑海中没有关于他们的记忆而已。

看着这些没有父母陪伴的孩子默默承受着这个年纪不该承受的心酸，已为人母的胡杏儿和陶昕然一时热泪盈眶。

我们的公益大使在走访当地百合产业时，路过了这所只有16名学生的青山小学。据代课老师介绍，其中12名学生是留守儿童。短暂的停留后，大家久久不能忘怀孩子们稚嫩的脸庞，和那句脱口而出的"没得爸爸"。于是，我们带着课外书籍、彩色铅笔、画画本等礼物又来到这里，还像父母一样陪伴着孩子们，给他们捏橡皮泥、陪他们画画、玩老鹰捉小鸡。

如果家乡可以给外出务工人员提供一个能够赚钱养活自己的平台，谁愿意常年离家在外，不跟自己的孩子和家人相处呢？公益大使深刻感受着参与《我们在行动》的意义，不禁感叹道："我们要做的事情其实真是担子很重，我们的行动能不能给他们带来真正的实惠？能不能给他们带来团圆？"

孩子是美好的希望。家乡未来的命运，必将承载在他们的肩头。如果贫穷令他们失去活力，分离让他们背负伤痛，这是任何人都不愿看到的。于是，除了推出高端百合品牌"西品龙山"外，我们在湖南站还举办了一场名为"让家乡成为有梦想的地方"的产品发布会。

引领孩子们认识家乡、热爱家乡、建设家乡，让家乡成为有梦想的地方，是《我们在行动》一路播撒的理念。

在河北阳原县揣骨疃镇曲长城小学，我来到六年级的教室，与学生们一起探讨"我的家乡"。同学们提及自己的家乡时，都充满着自豪，夸赞着家乡的和谐邻里关系、乡村发展现状、美景、特产……孩子们言语中所表露的家乡情怀，实现了我们这堂作文课的教学目的。我由衷希望，同学们能够记住自己的家乡，无论走到哪里，也要把对家乡的这份热爱保持下去。

在海南白沙县牙叉镇文化广场，为了全力推进产品发布会的筹备工作，钟汉良展示了他的绘画天赋和歌唱才艺，手把手、面对面地教对俄村的贫困儿童画画和唱歌，用满腔的爱，为孩子们编织了一个"热爱家乡、拥抱未来"的美好愿景。

钟汉良认为，最好的地方就是家乡，所以他动员小朋友们自由发挥画出自己心中家乡的样子，也可以让世界各地的朋友都了解白沙县陨石坑的美

胡杏儿与孩子们互动

好。写生结束后，钟汉良正式邀请小朋友们和他一起在产品发布会上进行唱歌表演，兴致勃勃地教孩子们由他作词并演唱的公益歌曲《想飞，飞过世界》。

钟汉良率先领唱第一句，小朋友们却都害羞得不敢开口，钟汉良温柔地表示没关系，用极富感染性的表情和动作鼓励孩子们放声高歌，让孩子们的小宇宙爆发，帮助他们树立自信，让他们勇于表达。

随后，科技和扶贫相结合的无人机编队表演，将本次助农行动推向一个高潮。编队表演紧扣"生长"这一主题，随着 1000 架无人机升上夜空，组成了生机灵动的立体造型——希望的种子慢慢长大，抽出嫩芽，长出枝叶，最后变成一棵参天大树，在树上又结满了希望的果实，曼妙诠释了从耕耘到收获的理想图景。

那一刻，村民和孩子们都目不转睛地仰望星空，生怕错过了精彩瞬间。相信这一场视觉与内涵兼备的灯光秀，会给孩子们幼小的内心种下希望的种子：一分耕耘，一分收获！他们的未来，一定会像此刻绚烂的景象一般，美好而幸福。

扶贫路上，孩子们的乐观、勇敢、纯真、向上，也无数次撼动着我们每位公益大使的心扉。

在青海省海南藏族自治州贵德县达尕羊村村民豆本加的家中，当我们前去走访的时候，大女儿尕措吉戴着一副眼镜，斯斯文文地坐在门口学习汉字。深感母亲一直身体不佳，因达尕羊村没有较多的医疗卫生资源，只能不远千里去县城看病的不便，小姑娘励志将来要报考医学专业，学成归来为家乡的村民们服务。

豆本加道出了一个父亲的肺腑之言："花多少钱，我都支持她的决定。所以牛羊就要养多一点，牛羊数量多一点，收入就会高一点，这样就可以支持孩子的梦想。"

在广西龙胜县地灵村，粟乐瑶的父母外出务工已有两年时间，每年只能回家一次。当乐瑶被问起有关父母何时回家的问题时，乐瑶带着无比的思念告诉我，每次爸爸妈妈回家一定会给自己和弟弟带来一份礼物，说着，她便转身迅速地拿出去年父母给她买来的芭比娃娃，开心地向我展示着内心的欢喜。

藏族女孩为 Angelababy 杨颖梳藏族发式

我随口问道："乐瑶希望明年爸爸妈妈回来的时候带些什么礼物呢？"乐瑶稍加思考，说出了三个字——点读机。

原来，在外务工的父母每次来电，最牵挂的就是乐瑶的学习情况。在父母的关心下，因担心自己三年级时英语不过关，乐瑶非常希望拥有一部属于自己的点读机，可以更好地帮助自己提高英语成绩。懂事的孩子心里知道，爸爸妈妈也不舍得离开自己和弟弟，但为了全家人的生计，他们不得不忍痛割爱，远走他乡，赚取微薄的收入补贴家用。

都说"穷人的孩子早当家"，如此坚强、乐观的孩子，反而更加让人心疼。临别之时，我送给了小乐瑶一部她心心念念的点读机，祝愿她能好好学习英语，奖状可以在墙上越挂越多。

东方卫视执行导演高峰说，在整个历程里，他一个堂堂七尺男儿也忍不住落泪，尤其是在河北站为留守儿童和他们远在他乡的父母做视频连线时，心情五味杂陈。"明明没有煽情，没有卖惨，但是那一刻我的内心太难受了，我自己也有孩子，我受不了。那一天，有小孩在现场，有老人在现场，视频那头是他们许久不见、牵肠挂肚的亲人，泪水好像根本控制不住，一下子就出来了。"再一看身边，泪流满面的工作人员，不止他一个。

面对贫困山区的孩子，每一位公益大使的心，都变得无比柔软。

农村家庭出身的王宝强，感同身受着山区孩子的境遇，默默在播出画面背后做了许多。他特别跟我们强调，不愿在镜头前过多展示自己的帮扶行为，因为他觉得这是一件自然而然、发自肺腑的事，他让助理留下了一些孩子的联系方式，表示事后会给到一些力所能及的帮助。

第一季赴广西正式录制节目的前一天，蔡国庆刚刚完成了在美国的演出，为了能够准时与团队会合，他连夜乘坐飞机火速回到国内，还没来得及看上一眼多日未见的孩子，就立刻转机飞往桂林。

带着遗憾，儿子询问蔡国庆是否去地灵村教那里的小朋友唱歌？蔡国庆耐心地安慰着失落的儿子，告诉他此行不仅会教大家唱歌，并且这些小朋友家里还有好东西等着要卖，作为父亲的蔡国庆想让更多的人都知道这件事。

蔡国庆对我们说："我孩子的年龄和地灵村的很多小朋友相像，除了扶贫的任务，我还希望让儿子看到公益的力量是强大的，为公益作出自己的贡献是人生的价值所在。"

在中国大地上，众志成城的精准扶贫，在关爱儿童体系的建立上不遗余力。

如网友所说，每个故事的背后，或许都是一次人生际遇的大转弯；每次改变的背后，他们不仅仅将会拿到告别贫困的"车票"，还会获得打开精彩未来的"钥匙"。

# 第五章

## 一场醍醐灌顶的成长之旅

新时代属于每一个人，每一个人都是新时代的见证者、开创者、建设者。

# 不要真人秀，而要真人做

真人秀是近年来最为热门的电视节目类型，同时伴生着弄虚作假、过度娱乐、博人眼球等一系列争议。

《我们在行动》融合了综艺的形态、纪实的表达以及明星的元素，如此组合却以零差评的好口碑，收获了各方观众、媒体和专家的一致赞誉。

在当下这个内容产业纷繁复杂的时代，《我们在行动》独辟蹊径，在公益领域开疆拓土，形成了一个独树一帜的特色品类。这档公益节目之所以能将公益属性得到最大程度的释放，关键就在于：不要真人秀，而要真人做。

第一，全程行动以真实性为前提，拒绝人为设计。

扶贫节目怎么做？在此之前，我们全无经验，甚至关于农村、农业、农民的认知和理解，都是模糊不清的。节目要做的，就是让他们真实的所见、所闻、所做、所感，通过电视节目传递到天南海北、千家万户。

当广西站的最终成片出炉时，邻组有位同事看到画面中村民用电脑办公的场景时，委婉地提醒我，是否需要将此段剪掉以增强节目扶贫的"可信度"，我们果断地决定保留成品中的这部分内容。

类似的状况，并不是我们第一次碰到。好几次，当我们拿着成片在台里的后期制作组播放时，都会有同事惊讶于当地一排排漂亮的建筑和一条条拓宽的道路，村民们的穿着是那样的整洁，何以见得那是一个国家级贫困村落？

而这种困惑和茫然，节目组自己也碰到过。

在河北站，我们前往河北省承德市丰宁满族自治县五道营乡十七道沟时，"十七道沟"的第一条沟都还没来得及见到，却先停在了一排整齐精致的住宅区"幸福新村"门前。眼前的面貌，让我们完全无法和"贫困村"三个字关联起来，即使将这样的建筑挪移到 180 公里外的北京，也不会让人觉得有突兀的感觉。

经十七道沟村主任杨立明和十七道沟村驻村工作组第一

草地上的羊群

书记张洋两位介绍，原先十七道沟村村民的居住地分布非常凌乱，在整个村子的脱贫攻坚战中，十七道沟村实行了整村异地搬迁。政府集中力量提高政策红利辐射效应，安置惠民住房，并逐步在十七道沟村推进"挪穷窝，改穷业，拔穷根，换新颜"政策。因此，伫立在我们面前"高大上"的一排排整齐划一的住宅区，就是今天的十七道沟村。

如何在高楼林立的小区内开展扶贫工作？导演组成员纷纷出谋划策，面对这一情景，有些编导提出了自己的想法。他们认为，观众不曾像现场工作人员那样经历过完整的扶贫过程，他们对贫困地区有着固有的心理设定，当打开电视机切换到东方卫视，看到十七道沟村现在钢筋水泥的建筑，或许不会相信公益大使们正在精准扶贫。而为了解决这些疑虑，有的编导提出，不妨在河北站拍摄期间，让村民短暂地搬迁回原来的住所，配合节目录制，至少能够让观众一目了然十七道沟村的贫困原貌。

这项提议当即被我否定了，我向大家解释道，《我们在行动》节目毫无疑问一档精准扶贫的综艺节目，扶贫过程中的一切人和事要确保真实而不造作，一旦我们真的动员全村百姓搬迁回原来的破旧房子生活几天，村民会立刻对节目的真实性产生巨大的质疑。这种"造假"的第一印象，就会彻底粉碎村民对节目本身的信任感，失去了扶贫帮困的根基，公益大使们的所有努力将变得没有意义。

当拍摄计划陷入僵局，大家开始另寻解决良策。

随着深入地探访，我们发现，尽管大部分村民已经入住新家，但因相关政策仍处于实施进行阶段，加之十七道沟村村民原本分布较广，在十七道沟的深处，依然有几处住户生活在原来的房屋中。我们走访了一些村落的原居住地，意外发现里面住户还不少，并且大部分都是贫困户，他们没有搬进新房的原因各有不同。新房改造是脱贫的前瞻性部署，然而一个个废弃的村子，依旧记录着生活的原本原貌。为了遵循节目真实记录的一贯原则，我们最终决定以在沟里深处住户为原点，对周围进行辐射，找寻脱贫方案。

此外，我们也大量走访了搬进新家的住户，发现一些家庭就算住上了漂亮的新房，依然"家徒四壁"，离开了原有的土地之后，他们的生活全无着落。

同时用镜头记录老村和新村，这给我们的拍摄调度带来了诸多不便，我们不得不在一道道沟间穿梭，为脱贫攻坚里外奔走。但在紧张有序的拍摄过程中，团队成员展现了良好的职业素养。

2016 年 3 月，习近平总书记在全国两会期间指出："脱贫和高标准的小康是两码事。我们不是一劳永逸，毕其功于一役。相对贫困、相对落后、相对差距将长期存在。要实事求是，求真务实，踏踏实实做这个事，不能搞数字游戏。考核要有正确导向，起到促进作用。"

尽管节目播出之后，确实有一些观众对贫困山区的场景提出疑惑，但这也正是《我们在行动》节目扶贫助农的其中一大目的——他们希望用大山深处的真听、真看、真感受，见证国家对扶贫工作在财政上坚持高投入的成果，见证每一个贫困村落，不论其多偏远，道路必须被连通；不论其多闭塞，网络信号必须全覆盖。

在制作过程中，节目的一切行动密切围绕"精准扶贫"四个字展开，在每一站，我们都一遍遍问自己：节目到底能给当地村民带去什么样的新变化？面对已经具备的地理环境优势，如果真有一些不为人知的贫困原因，能

嘉宾钟汉良努力劳作

否因地制宜地充分利用当地的有利条件，尝试找到一种适合村民共同生产的农产品对外推广？能否持续、稳定、高效地为当地经济注入活力？我们力求真实地还原当下的农村正在发生着的每一处细微变化。

脚踏实地，方能回响声声。

所谓真人秀，就是事先预设一个情境，所以一般来说，导演痕迹是很重的，我们这个节目在制作中，不是人为的营造，而是真实场景的导入、真实情绪的共鸣。每一次录制前，我们对整体情况做了地毯式的摸查，然后设计几条线路，无论是哪位公益大使去到了这些情节点，都会真切感知到动人的人、感人的事。我们相信，心与心的碰撞和交流，一定是有火花的。

第二，明星是帮扶的重要参与者，拒绝喧宾夺主。

各位明星嘉宾为拍摄效果贡献了大量生动的镜头，他们吃苦耐劳的样子、不顾形象的样子，在干活时狼狈不堪的样子，放在有些节目里一定是非常吸睛的素材。若是纯粹为了博眼球、博收视，我们完全可以把这些素材放大、反复使用，但我们是一档真诚的节目，而且主线是扶贫，所以我们坚决摒弃了哗众取宠、喧宾夺主，一定做到取舍以他们在节目中的帮扶过程、帮扶效果来展开。

在这样一档带着神圣职责和光荣使命的节目里，每位公益大使都不遗余力，贡献着自己的光和热，也展示出光鲜之外的朴实一面。

出生于云南省楚雄彝族自治州的胡静，在云南站拍摄的四天三夜中总是铆足了劲为村民解决困难，当选"名誉村主任"后更是尽职尽责，亲力亲为，生怕错过每一处细节。她 11 岁便离开云南，前往北京求学，后来结婚生子，部分时间定居在海外。据胡静自己回忆，自从离开家乡后，即使再次回到云南，也只是在昆明小住几日便匆匆离去。

当接到我的邀约电话时，胡静没有半点迟疑，第一时间便答应了，她还认真地问了一句："不管我们去任何地方，云南也好，广西也罢，当节目录制完成和顺利播出后，能给村民留下什么？"

每逢听到这样的提问，我总是特别开心，这表明公益大使们不是想通过节目的平台作秀，他们想要对得起自己的身份，他们上心了。每一次，我都会认真地解答受邀嘉宾的疑惑，节目需要借助各位公益大使的公众形象、人际关系、专业能力和工作经验，全方位地帮助贫困地区的村民。认真挖掘当地的农产品，并为该产品打造品牌形象，创立一条销售渠道，让原先销售并不景气的优质产品可以更好地销售到全国各地，真正实现精准扶贫的价值。

作为公众人物，胡静的提问代表了绝大部分受邀嘉宾的担忧，因为他们中的很多人已经参加过一系列的综艺真人秀节目，去过不少地方，甚至做过不少慈善公益活动。但不难发现，很多公益节目存在最大的问题就是随着节目播出的完成，公益行为也就此结束了，没有形成可持续性发展的公益效应。不能解决产品的核心问题，贫困地区的产业链打造就无法完成，产品销量就无法得到保证，但《我们在行动》是一个进行时态、未完待续的行动，每一份参与，都是在为这场火热的行动添砖加瓦。我想，这大概就是《我们在行动》的特殊魅力。

受邀参与节目《我们在行动》录制期间，胡静还承担着一部电视剧的拍摄任务，虽然时间和行程都比较紧张，但心意已决的胡静还是鼓足了勇气自个儿向剧组和导演李路请了事假。对此，我是深感抱歉的。

幸运的是，这次云南一行没有让胡静失望，她私底下还告诉我，总感觉自己能力有限，不能在有限的时间中帮助更多的人，也拜托节目组为村民多做一些实事。

风吹、日晒、雨淋、种庄稼、摘果子、搭大棚、捡牛粪、挖百合……风尘仆仆的扶贫之路，走得并不容易，但是他们没人叫苦、没人喊累。在青海站，公益大使任贤齐突发高原反应，引发众人担忧，熬过了不适之后，他继续和大家一起工作，劳心劳力。

镜头外，许多吃过的苦、受过的累，公益大使认为不值一提，却全被我们看在了眼里，记在了心里。

在山西顺平站，刘涛、王凯两位重量级明星加盟，我们前后花了好几个月去协调他们的档期，终于把两人凑在了一起。为了让观众深入了解潞党参，节目在劳动体验的设计上，把从运化肥、到育苗、到移栽的全过程都涵盖了。刘涛和王凯被派分到的任务是运化肥，因为种植地很分散，最远的那几亩地要走将近一个小时的山路。

王凯和刘涛互相鼓励坚持

节目画面里，王凯拉着车、弯着腰，后来腰实在受不了，就扛、背、拉、托……他们用尽了各种办法，才将化肥运上了山头。王凯说，之前在拍农村戏的时候，有过类似的生活体验，但都不如这次彻底。通过录制，他真正体会到了山区农民的不容易，这是拍戏无法给到的强烈感知。

在云南绿春站，吴谨言和我一起，在颠簸的山路上坐了三四个小时的车。那条山路，是我在三季节目里所见过的最艰险的一条，边上就是悬崖。其实吴谨言晕车，但她一直没有跟我说，直到下了车她问团队其他成员要晕车药，我才知道。尽管只是一个小细节，我却非常感动，我想，可能是因为车里也坐着我们贫困户，她觉得这个困难不足一提吧。后来，当陪着我们空乘的父母坐上飞机的时候，吴谨言就像照顾自己家的老人一样，特别贴心，流露出发自肺腑的温情。

尤为让我觉得用心的是，吴谨言在绿春站俨然成了一个"哈尼姑娘"，为了学习当地的语言，她积极寻找路人请教哈尼话的说法，认真标注每一个读音。为了让订货会更接地气、更有特色，她用了很多的心思和精力去学习哈尼族的舞蹈，真正和村民们走到一起，融入当地的风土人情。

在西藏日喀则站，平均海拔在 4000 米以上，定日县有些地方更是高达5000 米左右。回忆起这次拍摄，我至今还很揪心。但我们的公益大使到了定日县之后，第一天就在地里干活，非常积极，而且他们专门跟我们强调，非常不愿把自己难受的样子呈现给观众。

节目唤起的，不光是他们身为公众人物的职责，还有挥之不去的乡土情怀。公益大使郭晓东跟我说，他自己也是一个来自农村的孩子，泥土的芬芳一直熏陶着儿时的自己。小时候的他，家徒四壁，犁田就靠父亲和他两个人，干活时一个人得在前面牵牛，一个人在后面扶着犁头，这让郭晓东从小梦想着拥有一头属于自家的牛，希望能用牛去高效地干活。当他再次来到广袤的大草原上，触景生情地与村民和牦牛生活、工作在一起时，往日的情怀油然而生。

在竞选"名誉村主任"的时候，郭晓东有感而发："我从小就觉得，能

陈蓉、吴谨言、蔡国庆在田间地头

当一个村主任是一件特别了不起的事情。我本身也是一个责任感很强的人，一旦参加这个节目，就希望能够竭尽所能，把事情做到最好。也许在观众看来，这是镜头前的电视艺术，可扶贫节目就要求每一位公益大使展示出自己最真实的能量。"

在达尕羊村，郭晓东随身带着单反相机，目的是希望能够用镜头记录下每一张工作中的脸庞："他们那种兢兢业业、不知疲倦的工作态度，深深地打动着我，我看到了媒体人身上具备的高度责任感，我也用镜头记录下了这一副副坚毅、坚决、坚持的表情。当我把照片送给这些幕后英雄时，他们都不敢相信看到的是自己，然而镜头不会撒谎，这就是一丝不苟的他们。"

有些编导在拿到照片的那一刻，对郭晓东谢道："东哥，说真的，那么多年来能给我们拍摄工作照的明星少之又少，也许你是第一个。"由于每一期节目播出时长的关系，这些耐人寻味的场面都没有被剪辑到最后的成片中，但却深深地映入了团队成员的脑海，刻在了他们的心中。

"真人秀"三个字中，"真"是保证、是前提、是特色。失去了写实性，也就去了真人秀的生命力。对于整个电视行业来说，《我们在行动》或是一个不错的范本——因为，"真实"在这里绽放出了动人心魄的光芒。

# 用生动鲜活的形态，
# 做好国家政策的"翻译官"

不久前，团队小伙伴发给我一个链接，欢呼雀跃地跟我说："蓉姐，咱们的节目居然成了全国名校联盟的高考文综模拟试卷考题！"

我打开链接一看，这是一道分值为 24 分的综合题。题目以东方卫视《我们在行动》在云南省玉溪市新平县马鹿寨村展开助农实践的全过程为素材，要求考生"结合《我们在行动》节目中'马鹿寨村沃柑'项目的成功案例，阐述其对中国农村贫困地区经济发展的启示"。

毫不夸张地说，《我们在行动》是一档"拿奖拿到手软"的节目，但当我看到它居然作为一个典型案例出现在学生试卷上的时候，内心有一种强烈的自豪感。

我不止一次说过，我们打造的不是一档单纯的节目，而是一个有流量、有声量、有销量、有力量的公益生态工程。业内人士高度评价我们"积极探索了电视创作如何与'扶贫攻坚'这一国家重点战略有效结合的方式和方法，迈出了成果显著、堪称表率的第一步"。

在不到一年半的时间里，《我们在行动》完成了三季的拍摄和播出，已然成为以电视创新实践公益扶贫的新样本和新标杆。尤其是第三季，我们围绕内容创作和产业扶贫再上一个台阶，最终呈现出了多重创新。

产业扶贫一直是《我们在行动》的最大特色，而第三季在延续原有路径的基础上，还在新的扶贫方式上展开探索。例如，第一期云南楚雄站就尝试了文化扶贫。彝绣是当地具有民族特色的文化产业，但目前发展规模远远不够，订单量极少、市场渠道单一、工艺操作不规范。《我们在行动》通过邀请在少数民族绣工艺领域领先的企业进行定期培训等资源扶持的方式，帮助当地拓展彝绣产业，推广他们的绣品和民族文化。

内容模式层面，最大的升级来自"心愿委托人"。心愿委托人中既有本地籍明星，如宁静、童瑶、蒲巴甲等，也有参加了第一届到第十三届全国人大会议的"活化石"申纪兰，这些带有浓厚家乡情结且对当地情况有更深了解的公益人士，以更大热情投入公益行动中来，扶贫过程中也将自身的成长经历结合起来，这一创新的确激发出明星和嘉宾们的更多情感，也大大提升了节目的可看性和承载的意义。

节目组在保留宏观视角、足迹遍布全国各个贫困县的同时，也更聚焦于对不同个体的关怀，针对不同拍摄地、处境不同的人物，节目组设置了差异化的扶贫方式，充分彰显公益节目标杆节目的社会价值。

《我们在行动》通过丰富、细腻的电视语言，将宏大的国家行动解析得入理、入微，变得可感、可触。在此之前，很多人并不能真正了解国家在扶

蒲巴甲、Angelababy 杨颖、俞灏明等留影

贫工作上的力度有多大，到底有多少人在这些岗位上付出了多少心血。之前，网上流传的那位满头白发的"80后"扶贫干部，我们并不觉得诧异，因为我们目睹了在那些最贫困的地方，他们的工作有多辛苦，只是以前的镜头很少聚焦到他们身上。借由《我们在行动》这样一个面向大众的电视节目，关于精准扶贫方方面面的传播量级和广度，都得到了一个很大的攀升。

过去，政策解读类、思想宣传类节目多数以新闻专题的形式出现，《我们在行动》将纪实和综艺有机结合，让娱乐和公益精准对接，娱乐明星的巨大流量，节目内容的灵活多样，把国家的宏观政策、伟大实践"翻译"得很接地气。

实际创作中，我们没有把它当成硬着头皮上的"命题作文"和"政治任务"，而是从主流媒体的社会责任出发，聚合各方的能量，真正把"公益"两个字沉了下去，取得了日益丰硕的成果。这让我们看到，在"记录新时代、营造新气象、展现新作为"的过程中，综艺节目完全可以当好国家政策的"翻译官"。

那么，作为中国首档在精准扶贫主题上做出声响的节目，《我们在行动》的意义与价值何在？电视行业媒体"传媒1号"曾做了如下深度解读：

一方面，它唤醒了媒体更深度地投入中国扶贫事业。

第一重唤醒，是对意识的唤醒。

贫困，是一个综合性的难题，扶贫，则需要综合性的治理。而媒体，作为具有平台性、集结性、传播性的社会机构，天然扮演了在这个"综合治理"当中枢纽性的战略角色。

通过《我们在行动》的成功示范，让业界看到了电视媒体在扶贫事业中，所能发挥的资源整合力与社会关注度之上巨大而不可取代的作用。然而《我们在行动》仅仅是一个开始，它应该作为一个表率，让更多的媒体参与到扶贫事业之中。

第二重唤醒，是对策略的唤醒。

《我们在行动》作为国内媒体第一个在"精准扶贫"上取得重大成功的案例，其如何与政府单位、扶贫组织、名人资源、社会机构进行有效的协作与深度的结合，探索出一种媒体如何在精准扶贫的社会分工中扮演恰当角色

劳作泥塑

的模式，其意义是不言而喻的。

与此同时，它在深刻理解了国家"精准扶贫"的战略要义后，围绕着"精准扶贫"的精神内核——"造血式扶贫""扶贫先扶志"进行节目设计。围绕着"造血式扶贫"，《我们在行动》每两期节目，联合着媒体资源、名人资源、市场资源、平台资源，为每一个贫困地区打造一款产品品牌，让每一个贫困地区从此拥有一款享誉全国的招牌、拳头产品。在节目中，实现的不仅仅是一场订货会的销售产量，解决的是燃眉之急；在节目后，更由于品牌的推广、媒体的曝光、产业链的完善，让这个品牌能够成为长期支撑该贫困地区成长性发展的经济造血源头。

围绕着"扶贫先扶志"，一方面，几乎每期节目，《我们在行动》都会对焦当地的一些楷模性的人物，比如80多岁还在致力于红糯米推广的老支书，比如放弃北京的事业回家养黑猪带领村民致富的实业家；另一方面，名人嘉宾在节目中的主要作用，都是在说服村民参与集体协作、参与品牌分工、参与合作社的具体事宜，都是在不断让每一个村民看到脱贫的可能、致富的希望，从而投入合作社的生产与协作当中。

另一方面，《我们在行动》积极探讨了公益节目的可行路径。

第一，关于资源整合。《我们在行动》能取得巨大扶贫效果的原因，在于聚集了社会资源、调动了各界力量、引爆了高度关注。有流量的明星，帮助节目引起大众的关注度；有经验的企业家，快速制定实行可靠的扶贫策略；有运营的平台，保证从设计、包装、供货商召集等一系列配套服务的打通。在宣传层面，除了节目主体在东方卫视与全网播出外，上海广播电视台还调动了旗下各电视频道广播频率进行新闻报道、专题报道与跟进。众人拾柴火焰高，才有了红红火火的扶贫场景。

第二，关于表达方式。《我们在行动》有一套属于自己的美学逻辑——它让观众看到，在风景如画、景致迷人、远离都市的地区，住着一群淳朴、善良的人们，然而，他们正在遭遇着困难，需要得到更多人们的关注与帮助。《我们在行动》展现的是一个既有美好又有苦痛，既内心勇敢又观念束缚的中国贫困地区真实现状，而正是这种真实，触碰了中国观众，唤醒了中国观众。

第三，关于表达理念。不但要把产品带出去，更要把理念带进来。贫困地区的落后，不仅仅是因为地理环境、自然条件、人口资源的不佳，更深刻而普遍的原因，是人们意识与见识的落后。扶贫先扶志，扶志要有识——关于数据分析的意识，关于组织经营的意识，关于规模效应的意识，关于集群经济的意识，关于网络销售的意识，都通过《我们在行动》输入到了各个贫困地区。只有人的思维方式改了，格局视野改了，脱贫才能真正完成。

眼下，虽然脱贫攻坚取得了决定性的进展，但剩下的都是最困难的。坚决贯彻落实好中央关于脱贫攻坚宣传工作的有关要求，进一步提高政治站位，增强四个意识，以媒体融合发展改革为契机，继续创新脱贫攻坚新闻宣传方式方法，为打赢脱贫攻坚战，营造更加良好的舆论氛围，我们义不容辞。

# 广阔天地，大有可为

大国攻坚，决胜 2020。

目前，这场"确保 7000 万人全部如期脱贫"的战役，已经进入了紧张的倒计时，第四季《我们在行动》也马不停蹄开启了热血征程。大家不禁想问：接下来，《我们在行动》还将往哪儿行动？如何行动？

当初，《我们在行动》这个名字是高韵斐台长定的，这是一个进行时态的表述，意味着我们永远在路上，也意味着既有无限的可能性，也有未来的期待感。十九大报告提纲挈领地阐述了中国特色社会主义进入新时代，同时也为文艺创作提供了大量具有现实意义和时代精神的优秀选题。所以，《我们在行动》可能是一场没有终点的媒体行动。

十九大报告指出，"农业农村农民问题是关系国计民生的根本性问题，必须始终把解决好三农问题，作为全党工作重中之重"。

在 2018 年的全国两会上，农业部部长韩长赋在谈到"乡村振兴"时，提到了三大美好愿景：

第一，要让农业成为有奔头的产业。就是搞农业不仅有干头，还要有说头、有看头、有赚头。

第二，要让农民成为有吸引力的职业。传统的概念就是脸朝黄土背朝天，今后随着科技进步，随着产业发展，农民将从身份称谓回归职业称谓，将来想当农民不容易。

第三，要让农村成为安居乐业的美丽家园。将来的农村群体不仅可以享受城市群体那样的公共设施、公共服务，而且还拥有优美环境、田园风光。农村将来会成为稀缺资源，会成为城里人向往的地方。

村民为订货会彩排

2020 年精准扶贫攻坚战役完成之后，乡村振兴、美丽中国都将是极好的创作方向。在中国，农村是一片广袤的土地，但是过去我们的电视综艺关注得太少，电视节目的爆款内容几乎没有围绕农村来发声的，这坚定了我们继续做大、做好、做强农村题材的决心。

中国农业的科技化、现代化、体面化正在稳步推进，基础设施建设如火如荼，不仅许多企业将目光投入了这片广阔的市场，许多有知识、有远见、有理想的年轻人也将视线从城市转向了农村，在这里大展身手，描摹美好的事业图景。

负责《我们在行动》商务工作的外联主任沈丹，毕业于英国牛津大学。因为有长期的海外经历，又一路去到了中国最为贫困的地区，使她可以从更国际化的眼光来看待这一切："整个欧洲，我几乎跑遍了。在那里，最漂亮的地方几乎都是乡村小镇，生活平静、满足、整洁、舒适，幸福感特别强。当我们中国的城市已经在媲美欧美城市的时候，相信我们很多人也在憧憬，中国的农村是否可以逐步跟上欧洲的小镇。如若那样，农村一定比城市拥有更大的吸引力。"

呼唤年轻人回到家乡的，不应该只是情怀，而是必须真的让他们看到，这里有巨大的机遇，可以"海阔凭鱼跃，天高任鸟飞"。

经过三季节目的历练，《我们在行动》的团队人员把自己生生磨练成了电视圈里的"扶贫顾问"。因为走过了天南海北，深入了产业链条的每个环节，也让我们得以从更加宏观的视角来看待农村经济的无限可能。

越是贫瘠的地方，越是落后的地方，越是潜力巨大，前景可期。第一季的时候，我们在云南马鹿寨村包装"阿哒的柑"，旁边那座山头就是褚橙的故乡，因为它们很有影响力，所以销售状况很好，但是一山之隔的马鹿寨村沃柑就完全销不出去，同样口感鲜美，凭什么差距如此大呢？当时，我们为沃柑做了各种设计，建立品牌形象，搭建产业链条，很快就一销而空了。

类似的经历一次次鼓舞着我们，我们亲眼见证了改变的力量。对于广大电视观众来说，这也是一个潜移默化的影响过程，我们相信，一定会有胸怀抱负的城市人群尤其是年轻群体，因为《我们在行动》这档节目认识到了农村市场的无限广阔——因为和竞争充分而激烈的城市相比，很多贫困山区就是等待开垦的处女地，值得他们去建功立业、大展宏图。这几年，有一些声音不断渲染"回不去的家乡"，我不这样认为，我们就是要通过我们立竿见影的收获，给大家注入信心，展示农村的希望和未来。

以前做节目，就怕同行模仿，只有这个节目，我们希望它在全国开花，我们不保护自己的节目模式。越多人做，这项迫在眉睫的事业就会获得越多关注，越能早日完成脱贫大计、实现振兴大计。

甚至，我们有同事提出过这样的思路——《我们在行动》作为土生土长的中国原创电视模式，是不是还可以向海外推广？全世界还有很多需要扶贫的地方，它可以在不同国家的土壤中开花结果，为世界范围内的贫困地区提供可参考、可借鉴的媒体扶贫范本。

在全国宣传思想工作会议上，习近平总书记提出举旗帜、聚民心、育新人、兴文化、展形象五项使命任务。

于我而言，从来没有一档电视综艺，像《我们在行动》这样能让我与国家、与民族、与人民同呼吸、共命运，相比起文化综艺带给观众的精神层面的滋养，公益类节目更能让人感到一种澎湃如潮的力量——鼓舞士气，凝聚

《我们在行动》不忘初心

人心，雷霆万钧，气壮山河。它不仅在配合国家的战略规划，更在深度地参与到国计民生的改进——这，几乎可以代表了中国媒体社会价值的最高理想。

真正动人的东西，往往是朴实无华，是静水深流。当一切喧嚣都沉寂下来的时候，它仍然可以穿透所有的屏障，直达人心的最深处。

我们团队的每一位成员内心都有类似的感慨，也许，

《我们在行动》会是从业生涯中最苦、最累、最难的节目，却也是最爱、最暖、最甜的记忆。那些在天南海北奔波、在春夏秋冬奋斗的日子，那些淌过汗也流过泪的日子，那些见证过伤痛也迎来过希望的日子，那些对地理、季节、土壤、产业如数家珍、宛如"半个农业专家"的日子……都是这一生不可多得的珍贵记忆。

时至今日，我们还在见人就推销老乡的物产，当贫困山区的"义务带货达人"，这好像已经成了我们不由自主的职业习惯。

当你做过了这样成就感爆棚的节目，就再也不愿当贩卖肤浅笑声的人。

"不要因为走得太远，而忘记为什么出发。"用这句话来形容我们这群电视媒体人的不忘初心，或许再合适不过了。

挥洒激情和汗水，经历艰辛和快乐，扶贫之路永不止步，铿锵作响。

我们在行动，我们再行动！

**图书在版编目(CIP)数据**

我们在行动/陈蓉主编.—上海:学林出版社,
2019.8
ISBN 978-7-5486-1541-5

Ⅰ.①我…　Ⅱ.①陈…　Ⅲ.①扶贫-案例-中国
Ⅳ.①F126

中国版本图书馆 CIP 数据核字(2019)第 126827 号


**责任编辑**　楼岚岚　　胡雅君
**封面设计**　汪　昊

**我们在行动**
陈　蓉　主编

出　　版　**学林出版社**
　　　　　　(200001　上海福建中路 193 号)
发　　行　上海人民出版社发行中心
　　　　　　(200001　上海福建中路 193 号)
印　　刷　上海盛通时代印刷有限公司
开　　本　720×1000　1/16
印　　张　15.5
字　　数　18 万
版　　次　2019 年 8 月第 1 版
印　　次　2019 年 9 月第 2 次印刷
ISBN 978-7-5486-1541-5/C·43
定　　价　86.00 元